U0112884

ASIAN
INFRASTRUCTURE
INVESTMENT BANK

亚投行

全球治理的中国智慧

庞中英　主编

人民出版社

目 录

前　言

全球治理的中国角色：复杂但清晰

　　关于中国与全球治理之间的关系，是一个高难度但又具有根本意义的重要问题。目前国内外对这个问题有各种说法。作者认为，中国与全球治理之间的关系可以通过对 1945 年以来中国在全球治理机构的历史、现在中国与全球治理机构之间的关系、中国在全球治理的领导机构（诸如联合国安理会和二十国集团（G20）等）中的作用，以及中国对未来全球治理的贡献（作用）等四个方面来定义和说明。中国与全球治理之间的关系确实非常复杂，却是可以说清楚的。讲清楚了中国与全球治理之间的关系，理解亚投行就有了起点和跳板。

　　中国仍然在继续努力参加现存的国际制度（国际机构或者国际组

织）。自 20 世纪 70 年代末，中国就开始申请和参加这些组织。这些组织是第二次世界大战胜利后的国际产物。从形式上看，中国似乎已经参加了所有的这类组织，但从内容看，中国距离全面成为这类组织的成员，尤其是在这些机构中占据和发挥与中国的国家地位（世界大国）一致的作用还有相当的距离。也就是说，中国与现存国际制度（国际机构）之间的关系仍然存在着尚未解决的问题。如何解决这些问题？中国是在进行着一个双重的进程：继续申请加入那些尚未加入和融合的内容和项目，如国际货币基金组织（IMF）数据标准和特别提款权（SDRs）；要求改革现存的国际制度，成为现存国际制度的改革者（改革现存国际制度的力量的一部分）。这一政策的继续是中国与美国在国际制度问题上不发生大的冲突的理由之一。至少从 20 世纪 70 年代末开始，美国对华政策的一个中心内容是把中国纳入美国主导的全球（国际）治理机构。中国参加现存的全球性国际机构，是这些机构在 21 世纪的包容性和合法性（正当性）的主要来源之一。

改革现有的全球治理成为中国与全球治理之间关系的第二个主要内容。如何改革全球治理？中国提出的一个办法是建立一些新的机构，如亚投行（AIIB），来促进全球治理的改革。表面上看，亚投行作为新建机构属于另起炉灶，但成立亚投行不是挑战、替代、颠覆世界银行和亚洲开发银行（ADB），而是对世界银行和亚洲开发银行的补充，具体来说，亚投行与世界银行、亚洲开发银行等机构是互补关系。亚投行的成立实际上为世界银行等国际金融组织的改革提供了一种新的方法。事实证明，改革全球治理得到了国际社会的广泛支持，美国在欧洲和亚洲的大批盟友加入亚投行，表明了改革现存的全球治理是大多数国家的（国际）共识。①

协调旧的全球治理力量和新的全球治理力量的框架已经产生，这就是G20。中国是G20的创始国，更是G20目前存在的主要理由——世界经济老牌大国和新兴大国的协调。G20在2008年上升为成员国领导人参加的多边峰会，中国则在2015年成为G20领导机构"三驾马车"的成员（与澳大利亚和土耳其一道），而在2016年则将成为G20轮值主席国。G20达成了协议，要求改革现存的IMF（国际货币基金组织）等全球性机构。但是，G20中一些国家（尤其是美国），则在改革IMF等现存机构，让G20成为"国际经济合作的主要平台"（即不是原来的G7，而是G20来管理全球经济）等问题上存在严重分歧。中国在2016年杭州峰会上，如果能让G20在推动对现存全球治理的改革上发挥中心作用，以及让G20成为管理全球经济的主要平台，则将成为不可或缺的国际领袖。

中国提出（提议）建立真正的新的国际制度（国际机构）是下一步的事情。除非中国与世界之间关系的目前势头发生大的逆转，中国为一个更加全球化的世界体系设计新的全球治理体系将不可避免。亚投行还不能算是真正的新的国际机构（国际制度）。中国如果在现有国际制度中全面融入且促进这些机构改革到位，协调了新旧国际势力之间的关系，推动现有国际制度适应21世纪的世界现实，接下来才能带头建立真正的全球治理新机构。即使改革成功，现有国际机构也

---

① David Daokui Li, "The AIIB as China's Pilot Attempt to Reform the Global Economic Governance", *Foreign Affairs Journal*, Summer 2015, pp. 28-31.

无法满足全球治理的需要，世界需要新的机构。这些新机构不是对现有机构的补充，而是与现有机构并存，甚至可能最终取代现有机构。如果中国设计的全球治理体系被世界认可和接受，真正的全球治理时代将开始。

有人认为，全球治理的趋势是多元化（pluralization），且把中国发起成立亚投行等看作是中国试图多元化全球治理。[①] 美国前国务卿基辛格的《世界秩序》一书中的观点，以及他关于中国发起的亚投行和现存的国际金融机构（IMF 等）之间"并存"的看法，其实更代表了一些西方人的深层担忧。[②] 但这样的担忧其实是多余的或者错误的。如上所述，由于中国继续加入而不是停止加入现存的全球治理，同时，中国为了现存的全球治理的存续而担任主要改革者与协调者之一，全球治理其实并不存在多元化的势头。

中国继续加入现存全球性的国际制度

以中国与 IMF 的关系为例。

第一，1944 年和 1945 年，中国是 IMF 的创始国，这如同中国是联合国的创始国一样。但因为中国的国内政治（即中华人民共和国在 1949 年取代中华民国）原因，中华人民共和国直到 1980 年才加入

---

① 新加坡南洋理工大学将在 2016 年 2 月举行题为 "Pluralizing global governance? China, BRICS and Global Governance" 的国际学术研讨会。

② 庞中英：《读懂了基辛格，就读懂了世界?》，《环球时报》2015 年 8 月 17 日。

IMF。

第二，中国在 IMF 中拥有执行董事，现任执行董事是中国人民银行金融研究所原所长金中夏博士。

第三，中国参与了 G20 集团要求 IMF 的 2010 年改革方案。这个改革方案提出的时候中国就已成为世界第二大经济体，但却仍然屈居 IMF 第三大股东国，即屈居日本之后。这表明，旧的国际治理体制不可能让中国拥有应该拥有的地位。截至写作本书时，由于众所周知的美国因素，IMF 的这一改革尚未实现。中国国家主席习近平参加了 2014 年 11 月于澳大利亚布里斯班举行的 G20 峰会并同意了该峰会的《公报》："我们承诺维护一个强健、以份额为基础、资源充足的国际货币基金组织。我们重申将继续落实圣彼得堡峰会承诺，并因此对 2010 年国际货币基金组织份额和治理结构改革、第 15 次份额总检查以及新份额共识的持续拖延深感失望。落实 2010 年 IMF 改革方案仍然是我们最首要的任务。我们敦促美国批准上述改革方案。如今年底前未实现，我们将要求国际货币基金组织在现有工作基础上研拟下一步的政策选项。"①

第四，2014 年 G20 布里斯班峰会上，中国国家主席习近平宣布，继 2002 年中国加入 IMF 的数据公布通用标准（GDDS）之后，"中国将采纳 IMF 数据公布特殊标准（SDDS）"。这一采纳标志着中国的经济数据透明度提高、国际可比性上升。习近平宣布这一决定后，IMF 总裁克里斯蒂娜·拉加德女士在布里斯班发表了"欢迎"声明："我对中

① 见《G20 布里斯班峰会公报》，2014 年 11 月 16 日。

国接受 SDDS 的意向表示欢迎，这将极大地促进及时和全面的经济与金融数据的提供。中国致力于改善统计数据的发布，我对此表示赞赏，并注意到近年来取得的进展。中国计划从数据公布通用系统（GDDS）提升到 SDDS，是这一进程中的下一个重要步骤。"①2015 年 6 月，中国的宏观数据公布标准正式调整为数据公布特殊标准（SDDS）。②

第五，自 2009 年以来，尽管中国没有正式申请加入 IMF 设立于 1969 年的"特别提款权"（SDRs），但是，关于中国加入 SDRs，以便使人民币成为与美元、欧元等作为国际储备货币并驾齐驱的国家货币的国内外讨论非常热烈。一般认为中国政府希望人民币被纳入 SDRs。

从形式上讲，中国已经加入了全部现存的国际（经济、金融）组织（国际制度），但从内容上看，如同上面提到的人民币尚未加入 SDRs（中国筹建亚投行时尚未加入 SDRs。2015 年 12 月 1 日，国际货币基金组织批准人民币加入 SDRs，人民币成为继美元、欧元、英镑、日元之后加入 SDR 货币篮子的第五种货币。人民币在 SDR 货币篮子中的权重为 10.92，超出日元和英镑），以及中国刚开始按照 IMF 的标准"治理"国内经济统计数字，都说明中国在实质上还没有完全进入现存的全球治理体系。

从 20 世纪 70 年代末期以来的将近 40 年，中国外交政策的一个重要内容是加入（20 世纪八九十年代一度甚至用"接轨""融入"，而目前则用"对接"）现存的国际制度体系。如上所述，中国仍然在继续这一政策。

---

① http://www.imf.org/external/chinese/np/sec/pr/2014/pr14520c.pdf.

② http://finance.caixin.com/2015-07-18/100830275.html.

中国是现存全球治理体系的主要改革者之一

从 2009 年 G20 匹兹堡会议以来，经过了 2010 年 G20 首尔会议，中国开始以现存全球治理的改革者的形象出现在国际体系（世界经济）中。

以 G20 布里斯班峰会为例。如上所叙，中国同意和支持《G20 布里斯班公报》的内容。笔者在这里想强调的是，这份多边《公报》的最重要部分其实不是 2014 年 G20 澳大利亚轮值主席下的"增长"主题，也不是澳大利亚精心推动的另一个主题"（全球）基础设施投资"，而是"加强全球制度"。也就是说，中国与其他国家一道，主张加强而非削弱现存的全球制度。现存的全球制度是现行的世界秩序的化身或者代表。

然而，与其他国家一样，中国主张的加强全球治理不是指维持不改革的旧的全球治理（以国际组织为化身），而是要求改革全球治理。从 2010 年到现在，中国改革全球治理可以分为两个内容，或者两个阶段：

第一，谋求在国际体系内改革全球治理。中国参与了改革 IMF 的行动，但中国很快发现改革旧的全球治理并不是那么容易的，即使全球经济治理改革得到大多数国际体系的成员的认可、同意和支持，如果控制全球治理（国际组织）的霸权国家，尤其是美国不同意、抵制和充满疑虑、上纲上线（即担心中国在全球治理中的作用上升会影响美国对包括中国在内的世界经济的控制或者主导），全球治理改革难以达到预期目标。

这里不是说美国就是全球治理改革的阻力，而是说，美国不会简单同意或者支持多边机构，如G20的全球治理改革意见。尽管美国参加了这些多边机构（如G20），但美国的国内政治进程决定了，美国参加的多边进程往往会被否定。奥巴马政府延续小布什政府参加G20进程的政策，同意了G20的IMF改革主张，但是，奥巴马政府在2014年的布里斯班峰会上也因美国国会封杀IMF改革计划而恼火。奥巴马总统没有让G20布里斯班峰会取消其《公报》中的"落实2010年IMF改革方案仍然是我们最首要的任务。我们敦促美国批准上述改革方案"，而是同意了这样的多边声明。

第二，当发现改革现存的全球治理困难重重，如同其他国家，中国也选择了另一种改革路径，姑且将这一做法称为"在国际体系之外改革全球治理"。

亚投行的出现加强了中国作为全球治理主要改革者国家的地位。亚投行的概念之所以获得成功，是因为中国充当了冲到前面的全球治理改革者的角色。加入亚投行的欧盟诸国（欧盟大多数国家加入亚投行）等美国的盟国，不顾美国的反对与中国站到一起，主要是因为这些欧盟国家都支持全球治理的改革。加入亚投行在某种程度上变成了对全球治理改革的"投票"。加入亚投行的都是主张改革全球治理的，而反对亚投行的则是不主张全球治理改革的。美国因反对亚投行而成了反对全球治理改革的力量。由于改革全球治理会提升中国在全球治理中的作用，甚至使中国的作用超过日本，且影响日本在一些全球治理机构的控制地位，因此，如同美国，日本从自身狭隘的国家利益出发，反对亚投行，也不参加亚投行。

亚投行是改革全球治理的一个方法，但却引起、暴露了改革全球治理的复杂的国际政治。关于全球治理及其改革的政治如此复杂，中国由此也得到了深刻的教训。中国原以为只要不主张控制、主导、霸权而是主张"多赢""共赢"，就不会有那么复杂的国际政治阻力。美日反对中国发起的亚投行和欧盟大多数国家加入亚投行说明，关于全球治理的世界政治仍然是复杂的，即多赢和共赢仅仅是世界政治的一个方面、一种可能，并不是全部方面和全部可能，"零和"仍然是普遍存在，不管承认不承认、喜欢不喜欢。

展望未来，中国已经走上全球治理改革者的道路，并没有退路。重新接受美日对全球治理的控制，不谋求对 IMF 的改革，停办亚投行或者不搞新发展银行（即金砖银行），也未必就能讨得美日的欢心，却使一个更加需要全球治理的中国在国际体系更加举步维艰。同时，中国假如在全球治理改革上退缩，又会得罪那些期望中国在全球治理改革中发挥更大作用的国际改革势力（如欧盟国家）。唯有继续扮演改革者的角色，同时在旧的和新的国际组织内处理好复杂的全球治理改革的政治，方能取得全球治理改革的实质进展。

中国是全球治理进程的主要协调者之一

从财政、金融的角度，G20 如果涉及太多的所谓"非经济"的东西，很明显是不必要的负担。在回答由 G20 衍生出的 B20、T20、L20 等各类组织所能扮演什么样的作用的提问时，IMF 副总裁朱民表示，所有各类这样的机构都反映了一个需求，即把各方面的想法和方法都综合进来去解决问题，因为 G20 现在对维持全球的经济稳定来讲异常重要。中国财政部部长楼继伟则补充道，G20 一开始只是财长和央行行长的会，由财长会向领导人峰会报告，然后在峰会上作出决定。但是现在有了各种各样的衍生品，"我数了一下，一共有一百多个"。这上百个会议都要向财长会议作汇报，然后由向峰会作汇报。"我想到这个事情，头都大了。中国有句话是集思广益，各方面都有很多很好的意见，我们应该吸收各方面的意见，但如果最后都出口到财政部长这里，然后向峰会、向领导人报告，我们觉得恐怕很难操作"，"很多机构都是越做越大，然后做加法容易，做减法很难。轮到我们当轮值主席了，很发愁"。①

　　然而，若从整个国家的外交和全球趋势来看，G20 代表了主要的新旧国际政治势力的一个组合。这个组合是一度被国际政治、历史和国际战略学者吵得热烈的"国际权力转移"的解决方案。老牌的国际政治力量，如美国、欧盟和西方七国集团（G7）代表的所谓"既得力量"（established powers）和中国、巴西、印度等代表的"新兴力量"（emerging powers）通过一个框架即 G20 并存。这是难得的走向新的全球治理和新的世界秩序的有利机会。G20 是两次金融危机（1999年 G20 的成立是为了回应所谓"亚洲金融危机"，而 2008 年 G20 上升为政治领袖的峰会则是为了回应美国为中心的"全球金融危机"）

---

① 　http://economy.caixin.com/2015-03-29/100795866.html.

的产物。我们要感谢金融危机，为未来的全球治理和世界秩序提供了一个理想的框架（即 G20）。

这类框架之所以理想，不是因为别的，而是因为它是 21 世纪的大国协调（concert of powers）。笔者在 2011—2014 年是德国法兰克福和平研究院承担的国际合作研究项目《21 世纪的大国协调——增进大国之间的多边主义》的主要研究员之一，与来自德国、法国、英国、美国、俄罗斯、印度等著名研究机构的学界同仁一道，就 21 世纪的大国协调进行了为期三年的系统研究。我们的结论是，在 21 世纪“国际权力转移”和“多极化”的趋势下，更加相互联系的全球化世界迫切需要大国协调，而不是相反。但是，目前的大国协调，从联合国安理会（P5s）到 G7，并不能满足 21 世纪的世界政治现实。而 G20 和“P5s 加上德国”（解决伊朗核问题的框架）等则是相对来说比较理想的面向未来的大国协调。①

19 世纪初到 20 世纪初的欧洲协调（即欧洲范围的大国协调）被视为是当代全球治理的历史起源。② 同理，21 世纪的大国协调也是 21 世纪全球治理的基础。正是从这个角度，上述《21 世纪的大国协调》国际学者组向全球各国推荐大国协调作为走向全球治理的途径。

笔者在 2015 年于德国应用科技大学发表的一篇英文论文中指出，中国应该率先促进亚太地区大国协调局面的形成，并进一步以 G20

---

① 　http://www.hsfk.de/fileadmin/downloads/PolicyPaper_ATwentyFirstCenturyConcer-
tofPowers.pdf.

② 　Jennifer Mitzen, *Power in Concert: The Nineteenth-century Origins of Global Gover-
nance*, University of Chicago Press, 2013.

为框架促进全球的大国协调。①

2015 年中国加入"三驾马车"，与澳大利亚和土耳其一起成为 G20 的轮值"领导"国家之一，即负责 G20 宏观政策的协调与合作进程。这是因为中国将在土耳其之后，担任 2016 年 G20 杭州峰会主席国。担任 G20 轮值主席国就是担任国际领导，中国如何履行好这一国际领导责任？

对目前的全球治理转型来说，最关键的不是别的，而是把 G20 当作 21 世纪的大国协调的方式之一。大国协调是全球治理的集体领导。从这个意义上，中国担任 G20 轮值主席国事关全球治理的未来，是中国影响全球治理进程的最重要机会。机不可失，时不再来。

中国要为下一代全球治理格局的形成作出重要贡献

全球治理的进化与其他生命一样是分"代"的。首先是全球治理的起源，比如上面提到的 19 世纪产生而一战前崩溃的欧洲协调（European Concerts）是全球治理在欧洲的最早实践起源；1945 年左右，为避免世界重蹈二战而设计了战后国际安排，从联合国到国际金融机构（布雷顿森林体系）；冷战（20 世纪 40 年代末到 80 年代末）使这些二战后的国际治理（即全球治理的前身）无法发挥作用，联合国安理会和布雷顿森林体系不是全球性、统一性和包容性的，因为世

---

① http://www.hs-fulda.de/fileadmin/Fachbereich_SK/Professoren/Herberg-Rothe/Impli-cations_of_World_War_I_for_the_Current_Conflicts_in_Asia.pdf.

界划分为美国和苏联两大集团、两大阵营；冷战结束后，全球治理的呼声出现，开始探讨联合国改革方案，国际金融制度（国际金融组织）的改革也提上议程，但无论是联合国还是国际金融机构的改革，实质进展不大；在 21 世纪，一个越来越全球化的世界面对许多全球问题更加需要全球治理，但谁来提供全球治理？

自从布雷顿森林体系的固定汇率体系在 20 世纪 70 年代初"崩溃"以来，世界各地的人们在探讨、设计"后布雷顿森林体系"（post Bretton Woods System），提出了一系列新的国际货币体系、国际（全球）金融治理（安排）的构想、计划、倡议。

作者认为，中国发起的亚投行等新型的国际金融组织还不属于"后布雷顿森林体系"的范畴。中国在许多场合不断告诉世界，亚投行等机构的设立不是另起炉灶。这是中国在外交上"韬光养晦"的继续：不管是金砖合作（BRICS）还是亚投行（AIIB）都仅是对现有国际金融机构的"补充"，金砖合作与亚投行等与现存国际金融组织之间的关系是"互补"的，而不是平行和相互取代的。

这样的说明，在政治上和外交上是正确的，也是中国的本意，但是，难道中国就彻底排除了"另起炉灶"即催生下一代全球治理的可能？

中国必须要超越目前的全球治理，不必在全球治理上"韬光养晦"，而有必要在发起亚投行等国际金融组织之后，再进一步，鼓励一些重要的学者及其所在的学术机构大胆探索下一代的全球治理的理论与实践。如果目前的全球治理改革失败，全球陷入严重缺少全球治理而出现大混乱，甚至无序的状态（目前不少非常重要的美欧学者对此十分担心），则中国不妨公开提出我们的全球治理方案，为一个更加有序、包容、民主、公正的世界秩序作出我们的贡献。

通过以上论述，可以看出中国在全球治理中的四个主要角色：参加者、改革者、协调者和设计者。发现和定义这些角色是为了进一步明晰中国与全球治理之间的复杂关系。

中国高速增长之所以可能，与中国加入并强化现存的全球治理有关。这一点毫无疑问。正因为如此，许多人认为，中国过去三十多年从现存的全球治理中"受益"，尽管这些主张者并没有进行严格的学术研究，即仔细认真地探讨中国过去三十多年的增长与全球治理之间的关系。然而，从逻辑上讲，如果认为现存全球治理已经变成中国下一步增长或者发展的阻力，那么，中国就需要寻求全球治理的变革。

现存的全球治理，从 WTO 到 IMF，之所以需要改革，是因为其越来越"不争气"，对世界秩序的贡献越来越弱，这些机构的内部治理存在的问题越来越多，且要求他们做的改革和他们正在进行的改革进展有限，甚至没有进展。

经历至少三代人的演变，发起这些全球治理结构并一度作出主要贡献的美国和欧洲（欧盟），与这些机构之间的关系变得越来越复杂。一方面，西方仍然需要通过控制这些机构显示其在全球治理中的中心性（centrality）或者领导地位，所以竭力维持对这些机构的控制，即维持现状；另一方面，正是美国而不是别国的作为对这些全球机构的失效、低效率、不作为、改革无进展、僵局等负有主要责任。不仅如此，美国（在某种意义上，欧洲也是）正在成为这些全球机构的掘墓人，即美国在放弃或者抛弃当年发起、创立和维持的国际组织和国际规则，另起炉灶之图谋和行动很多。比如，美国进行 TPP 和 TTIP 的谈判，并且今年 10 月 TPP 取得实质性进展，美、日和其他 10 个泛太平洋国家就 TPP 达成一致；美国拖欠联合国的会费到现在也没有补交的意向，至于美国绕开联合国安理会的国际干涉，更是多得可列一个长单子；而最近五年，则是美国国会不同意 IMF 改革方案，即使奥巴马政府希望美国国会有所作为。

在这种情况下，非常现实、迫切又长远的问题是：现存全球治理，具体来说，现存全球机构向何处去？我们到底要什么样的全球治理？旧的全球治理能够经过改革而获得新生吗？或者，旧的全球治理因疾而终之后有无新的全球治理取而代之？新的全球治理是多元化还是相反？这是事关世界秩序的根本问题，需要我们深入讨论。

本书没有能力回答上述一系列问题，仅仅试图向读者阐释什么是亚投行，为什么成立亚投行，中国成立亚投行对现存全球治理体系有什么影响，美欧等国家如何看待亚投行，亚投行体现了中国参与全球治理的哪些智慧等，以期对读者深入认识亚投行有所助益。

本书由庞中英进行总体设计，中共中央党校（陈建奇、文洋）、南开大学（赵龙跃、李家胜）、中国国际问题研究院（龚婷）、人大重阳金融研究院（刘英）、浙江省委党校（卜永光）等单位的同志参与了写作。在此一并表示感谢。

本书写作分工为：第一章，关于亚投行的第一个 W（是什么），刘英；第二章，关于亚投行的第二个 W（为什么），陈建奇、文洋；

第三章，关于亚投行的第三个 W（谁），赵龙跃、龚婷、李家胜；第四章，关于亚投行的第四个 W（时间），卜永光；第五章，关于亚投行的一个 H（如何做），赵龙跃、李家胜。

庞中英

2015 年 12 月 3 日

第一章
关于亚投行的第一个 W（是什么）[*]

一波未平一波又起的希腊债务危机导致全球金融市场动荡不安，也表明 2007 年开始的国际金融危机和 2009 年以来的欧债危机并未走远。此次金融危机在以美元为主导的国际货币体系以及国际金融治理体系下始终难以消除，不得不引起我们深刻反思，反思国际金融治理体系现存的隐患与亟须完善之处。

金融作为现代经济的核心，可谓牵一发而动全身。当前除了美国退出量化宽松货币政策之外，在各国争相退出量化宽松货币政策的情况下，对促进经济发展与增长至关重要的基础设施投资资金却日益匮乏。在此现状下，亚洲基础设施投资银行（AIIB，以下也简称"亚投行"）的设立适得其时，作为中国首次倡导成立的国际金融机构，亚投行自倡议提出伊始以来得到了国际上的广泛关注和积极响应，无论

是域内还是域外国家都纷纷申请加入。自中国提出倡议到 2015 年 6 月 29 日各创始成员国在协定上签字，仅用了不足 21 个月的时间，这与入世用时 15 年相比可谓天壤之别。

亚投行的成立是对国际金融机构的创新，并将有助于完善国际治理体系。那么亚洲基础设施投资银行到底是怎样的一个金融机构，为什么会如此引人注目，我们首先从亚洲基础设施投资银行自身说起。

一、亚洲基础设施投资银行成立的背景

1. 亚太地区基础设施建设融资缺口的悖论

当今全球经济复苏依然脆弱，除美国经济正在走出危机以外，包括欧洲、日本等主要经济体以及俄罗斯、巴西等新兴市场经济体的经济增长都陷入困境，全球经济增长不均衡并且潜在风险较大。随着 2014 年 11 月份美国逐渐退出量化宽松货币政策（QE）以来，全球资本回流美国的趋势加剧了其他国家尤其是部分发展中经济体的金融风险，乌克兰等地缘政治风险也未完全消减，这些都给全球经济持续复苏，特别是亚太地区的新兴市场经济国家经济增长带来很大的外部挑战和风险。

在后金融危机时代，增加基础设施投资对于当前提振亚太经济具有重要意义。2014 年的 G20 财长及央行行长会议承诺各成员国"争取在未来 5 年内将 G20 整体 GDP 由目前预测水平提高 2%以上"，以实现全球经济增长，这一目标的重点在于两点：一方面，加强成员国之间的宏观经济政策协调，加强防范经济风险；另一方面，加强投资，特别是新兴国家的基础设施方面的投资，拉动各成员国的经济增长。根据经济合作与发展组织（OECD）的预测，2014—2018 年东亚新兴经济体经济（不包括韩国、日本）走势向好。伴随着出口对东亚经济增长拉动作用的减弱，基础设施投资将对拉动和促进经济增长将发挥越来越重要作用，而基础设施投融资的作用也将愈加因此凸显。

具体而言，亚太地区的基础设施仍然比较落后。增加区内基础设施投资，加强互联互通，改善区内国家基础设施和实现国家间的无缝连接，是稳步提高 APEC 地区经济增长和全球经济增长的重要驱动力。据世界银行估计，一国的基础设施资本存量增加 1%，将会带来 GDP 增加 1%。

当前亚太基础设施建设融资存在一个很大的悖论：即资金存量充足与基础设施融资供给不足问题。一方面，从整个亚太地区来看并不太缺乏资金，这是因为包括中国等在内的亚太国家尤其是东亚地区的国家储蓄率较高，外汇储备居世界前列，以中国为例，中国外汇储备接近 4 万亿美元，成为世界第三大对外投资国，中国今年的对外投资将有望超过 1200 亿美元，而且正在成为资本的净输出国。

另一方面，亚洲地区基础设施建设却又存在着巨大的资金缺口。据亚洲开发银行估算，从 2010—2020 年这 10 年间，亚洲需要新投入 8 万亿美元用于基础设施建设，每年需要 7300 亿美元用于国家和地区间的基础设施建设才能支撑目前经济增长的水平。但为亚洲国家基础设施建设提供融资的主要机构——亚洲开发银行，2013 年全年仅提供贷款 210 亿美元。可见，亚太地区现有的融资机构远远不能满足这一资金需求。[①]

2. 基础设施投资建设存在的难点与障碍

（1）技术标准存在差异

制约亚洲地区推进基础设施互联互通合作的首要难题是亚洲经济体基础设施采用了不同的技术标准，导致不同经济体的基础设施之间难以实现"无缝"连接。受历史、地缘、技术等多方面因素影响，中国与哈萨克斯坦就存在铁轨标准不同，具体表现为轨道宽度、车厢齿轮等方面规定的差异，这种差异导致火车在跨越中哈边境时，需要更换火车头，增加了运输成本和时间。除了铁路方面的技术差异外，各经济体之间在电力输送和通信技术标准等方面也存在较大的障碍，制约了跨国或地区的基础设施互联互通合作的进一步展开。

（2）现有融资机构不能满足融资需求

尽管亚洲经济体拥有较高的外汇储备和储蓄率，尽管中国外汇储备高企，储蓄率高，但亚洲经济体之间难以利用各自所具备的高额资本存量优势，缺乏有效的多边合作机制，缺乏把资本转化为基础设施建设的投资。目前亚太互联互通建设主要依赖于区域内部如亚洲开发

---

① 魏本华：《展望亚投行》，《中国投资》2014 年第 11 期。

银行、外部如世界银行等多边开发银行机构以及美国、中国、日本等国提供的优惠贷款及援助资金来支持。但上述较小的融资额度和偏窄融资渠道根本就难以满足亚洲地区快速发展的基础设施互联互通建设的融资需求。例如，亚洲开发银行发布年度报告显示，作为为亚洲国家或地区基础设施建设提供融资的主要机构亚洲开发银行，2013 年共批准了 210.2 亿美元的融资业务，而用于基础设施建设的融资规模更是小于这一额度。

（3）基础设施投资缺乏有效的协调执行机制

毋庸置疑，在东盟以及 APEC 等区域合作机制内部已经形成推动地区基础设施互联互通建设的共识和基本目标，但实际推进过程却极为缓慢，主要原因是缺乏有效的协调执行机制。根本原因在于日本、中国、美国等大国在推进亚洲地区经济合作的利益偏好存在明显不同，这导致亚洲地区经济合作明显存在制度过剩和制度竞争的局面，进而使得合作效率极为低下。就基础设施互联互通合作领域而言，在东盟、东亚峰会等多个合作机制，在各个合作机制内部还尚未形成统一的合作平台和协调机构来具体负责基础设施项目，这极大地限制了亚洲经济体在基础设施互联互通资金、技术、人才等方面合作。

3. 亚洲基础设施投资银行本质上是为亚洲基础设施提供融资的公共品

加快亚洲基础设施建设，搭建融资平台，促进亚洲区域经济一体化，这些是中国成立亚投行的目的。其实亚投行自身，就是在中国的提倡下向国际社会，特别是亚洲地区提供的公共品。公共品收益的公共性导致没有办法由市场完全有效地供给，也因此才需要政府的干预，这是根据传统公共品本质理论的结果。可是，整个国际社会是处于无政府监管的状态，所以国际公共品是无法单靠一个国家来提供的，而是需要多国集团集体合力，以国际合作的形式来管理实现的。

在此涉及的国际公共品的理论主要有三点。首先，国家的异质性与国际公共品供给有着密不可分的关系。国家间的异质性决定了该国家是扮演领导者还是追随者，并根据角色发挥相应的作用。同时，建立在不同异质性基础之上的策略互动则导致不同的跨国集体行动结果。这表现为随着国家收入与偏好以及不同国家间异质性差异程度的变化，参与供给的国家数量与国际公共品供给总量也会有所不同。

其次，在国际上尤其是多国集团当中担任领导的国家一般是国际上国民收入高、自己偏好强烈的国家。因为对这些国家来说，它们主动承担的动力最高，相对的也可以从相同数量的公共品中获得最高的效用。

最后，对于国际公共品供给的实现，大国的存在是至关重要的。在现实生活中，多国集体行动由于存在组织方面的各种问题，因此，需要某个或者某些国家发起倡议，并主动承担沟通与联系甚至组建与维持国际机构的成本。这是多国集体行动的初始阶段，也是国际公共品供给得以实现的前提。

理论上，人口众多、国民收入水平高的大国最有可能扮演这一领导者的角色。一是一国偏好是国内民众偏好的汇总，则拥有较多人口规模的大国对国际公共品的偏好就更为强烈；二是国际公共品随着国民收入的增加，一国对其需求就会增加；三是大国意味着其综合国力水平较高，而这就具备相应组织能力。[①]

4. 亚投行在基础设施投融资上可发挥积极作用

当前亚洲地区基础设施建设存在巨大的资金缺口，而 2013 年 10 月中国积极倡导并筹建亚投行，可谓是正当其时。中国倡导建立的亚投行最大的特点是开放性、渐进性和普惠性。中国坚持开放的区域主义，欢迎有意愿的亚洲国家参与筹建，并按照先域内后域外的原则逐步向域外国家开放。这些都使得中国一提出筹建亚投行，就引起积极响应，截至协定签字有超过 50 个国家成为创始成员国。而亚投行也将成为亚洲基础设施融资的重要来源机构，与包括亚洲开发银行（Asian Development Bank，ADB）在内的多边开发银行合作，相互补充。亚投行与 400 亿美元的丝路基金以及核定资本达 1000 亿美元金砖国家开发银行（New Development Bank，NDB），都将支持亚洲地区的基础设施建设与可持续发展。中国积极发起多边开发银行为推动亚洲基础设施建设、各国团结合作、共同发展作出了积极贡献，有助于亚洲地区实现经济强劲、平衡、可持续增长的目标。[②]

[①]　李娟娟、樊丽明：《国际公共品供给何以成为可能——基于亚洲基础设施投资银行的分析》。

[②]　刘英、王海峰：《亚洲经济增长新动力》，《中国投资》2014 年第 11 期。

二、亚洲基础设施投资银行的基本任务和基本原理

1. 亚洲基础设施投资银行的任务

亚洲投资建设银行将是一个为亚洲基础设施建设和地区联通提供金融支持的新设立的多边发展银行。基于现存多边发展银行的经验和教训，亚投行的成员将共同建立核心理念、运营平台、原则和政策。作为一家 21 世纪的新多边开发银行，亚投行的方法及核心理念是"精干、清廉、绿色"，着重突出效率、可持续和透明。银行将会和现有的多边开发银行紧密合作——互补、支持并加强他们的开发效果。

2. 亚洲基础设施投资银行的宗旨与职能

亚洲基础设施投资银行的成立宗旨，或者投资领域主要有两个：一是通过在基础设施及其他生产性领域的投资，促进亚洲经济可持续发展、创造财富并改善基础设施互联互通；二是与其他多边和双边开发机构紧密合作，推进区域合作和伙伴关系，应对发展挑战。

为履行亚投行的宗旨，亚洲基础设施投资银行应具备以下四大职能：一是推动区域内发展领域的公共和私营资本投资，尤其是基础设施和其他生产性领域的发展；二是利用其可支配资金为本区域发展事业提供融资支持，包括能最有效支持本区域整体经济和谐发展的项目和规划，并特别关注本区域欠发达成员的需求；三是鼓励私营资本参

与投资有利于区域经济发展，尤其是基础设施和其他生产性领域发展的项目、企业和活动，并在无法以合理条件获取私营资本融资时，对私营投资进行补充；四是为强化这些职能开展的其他活动和提供的其他服务。

3. 亚洲基础设施投资银行的基本原理

目前，亚洲地区基础设施的融资需求和目前可行的多边和双边融资资源之间存在着巨大的缺口。据亚洲发展银行估计，在 2020 年之前，亚洲地区对基础设施的投资需求将达到每年 7300 亿美元。这将超过目前任何一个单一国家或是现存多边开发银行的融资能力，尽管该地区的许多国家有着相对很高的储蓄率。虽然本地区并不缺少储蓄，但是怎样更有效地动员公共部门和私营部门的资源仍然是一个非常大的挑战。

4. 亚洲基础设施投资银行带来的额外价值

亚洲基础设施投资银行为亚洲地区基础设施建设和地区间互联性的发展提供了一个新的多边发展融资平台。这将显著地增加支持地区经济发展的多边开发资金池。该银行会充分吸取现存多边机构的教训，以及国际上发展政策和运营框架的优秀的实践经验，从而处于一个独特的位置。亚投行同样会从其创始成员国的积极参与中获益。亚投行紧密地与其成员和客户之间的互动，将为增强投资有效性提供一个良好的基础。

三、亚洲基础设施投资银行的创建与发展

1. 亚洲基础设施投资银行组建的由来

2013 年 10 月，习近平主席和李克强总理先后出访东南亚时提出了筹建亚投行的倡议。当前成立亚洲基础设施投资银行尤其必要，对于不同发展阶段的国家是多赢选择。对于本地区发展中国家而言，可增加和加强基础设施的投资与建设，保持经济持续稳定较快发展；就本地区整体而言可加快互联互通，不断增强自我发展能力，为经济发展注入持久动力；对于发达国家而言，能够扩大投资需求，拉动其经济复苏；同时，也有利于扩大全球总需求，促进世界经济复苏。

2. 亚洲基础设施投资银行的组建过程

自 2013 年 10 月中国领导人提出筹建亚投行倡议以来，得到了许多国家的积极响应。2014 年 10 月，首批域内 22 个意向创始成员国在北京签署《筹建亚投行备忘录》。随后，亚投行筹建转入多边阶段，重点是同步推进吸收新意向创始成员国和《亚投行协定》谈判两项工作。在各方精诚合作和共同努力下，截至 2015 年 3 月 31 日，亚投行意向创始成员国总数增加到 57 个，涵盖亚洲、大洋洲、欧

洲、非洲、拉美等五大洲。5 月 22 日，经过四轮富有成效的首席谈判代表会议磋商，57 个意向创始成员国在新加坡共同商定了高质量的《亚投行协定》文本。6 月 29 日，大部分意向创始成员国已经在北京签署了《亚投行协定》，其余意向创始成员国应在 2015 年 12 月 31 日前完成签署。

亚洲基础设施投资银行将与地区内现有的多边和双边开发银行紧密合作，包括世界银行和亚洲发展银行。亚投行试图作为对现存多边开发银行的补充和支持，从而最大化国际社会的整体支持效果。亚投行未来还可能探索和其他多边开发银行共同筹资的机会。多边开发银行的员工应积极地同亚投行意向创始成员国和秘书处分享经验及好的全球实践，帮助他们形成自己的政策发展流程。

四、亚洲基础设施投资银行的政策框架

1. 亚洲基础设施投资银行的政策框架

亚洲基础设施投资银行的运营（包括流程和环境、社会框架）、金融、监管、合规性、人力和治理策略会由其董事会决定。秘书处在来自全世界公共部门和私营部门的专家支持下，为意向创始成员国准备草案，并为接下来几个月里为监管层思考所提供的草案的优先顺序提供一个指导。这些政策的准备将会参考现存发展机构的经验和教训。

2. 亚洲基础设施投资银行解决环境和社会的冲击与风险

亚投行在其投资活动的概念、设计和实施过程中贯彻可持续发展原则，通过巩固基础设施和地区互联性来提高经济增长和人民生活水平。基于多边开发银行的经验和国际专家的协助，秘书处已开始开发一个环境和社会政策框架，确保整合其运营中的理念。要开发的流程将在管理、预防和监管方法的补充下，确保在环境和社会评估过程中，将投资活动的决策、设计和实施整合为一体。2015 年 3 月在北京举行了由亚投行举办的机构发展研讨会，现存各个多边机构的代表在研讨会上为亚投行的框架准备提供了许多有益的建议。在框架的发展过程中，还有后续的会议和咨询，会议决定政策框架必须由亚投行董事会批准，并在其开始任何投资活动之前准备好。

3. 亚洲基础设施投资银行的采购政策方法

亚投行将吸收现代国际采购方法，发展一种恰当的采购政策框架来管理其运营。核心采购原则将立足于经济、效率、现金价格、适用、公平、透明和廉洁。在 2015 年 3 月份的机构发展研讨会把国际采购专家带到了一起讨论政策。基于多边开发银行的经验，国际专家与秘书处一起合作起草政策框架。采购政策框架必须由亚投行董事会批准，并在亚投行开始任何投资活动之前准备好。

4.亚洲基础设施投资银行的人力资源及员工招募

亚投行的员工将以业绩为基础，竞争挑选。来自成员国和非成员国的申请人都可以申请。亚投行将会在全球范围内以开放、公平和透明的方式来招聘，和现存多边开发银行的招聘流程类似。选拔将基于技术能力、相关行业工作经验和教育背景。空缺职位将及时通过亚投行网站和其他媒体发布。

五、亚洲基础设施投资银行的组织架构

1.亚洲基础设施投资银行的治理结构

亚洲基础设施投资银行的治理结构分为三层，理事会、董事会和管理层，管理层当中包括一名行长，一名或多名副行长，以及其他必要的高级职员。亚洲基础设施投资银行协定明确规定了亚投行的组织结构。

（1）理事会

理事会为亚洲基础设施投资银行的最高权力机构，并可根据亚投行章程授权董事会和管理层一定的权力。亚投行每个成员在理事会中都有自己的代表，并任命一名理事和一名副理事，理事和副理事听命于其代表的成员。除非理事有事缺席，不然副理事并无投票权。在每年的亚投行年会上，理事会会选举一名理事担任主席，任期到下一次主席选举为止。亚投行不予支付理事或副理事薪酬，但是可支付相应出席会议产生的合理支出。理事会定期举行年会，或当五个亚洲基础设施投资银行成员提出请求时，董事会可要求召开理事会会议。当出席会议的理事超过半数，且投票权不低于总票数的三分之二时，即构成理事会会议的法定人数。同时，理事会应按照规定的议事程序，允许董事会在无须召集理事会会议的情况下取得理事对某一具体问题的投票表决，或者在特殊情况下通过电子方式召开理事会会议。

（2）董事会

董事会由十二名成员构成，董事会成员不得兼任理事会成员，其中：九名代表由域内成员的理事选出，三名代表由域外成员的理事选出。董事会须是在经济与金融事务方面具有较强专业能力的人士担任，并根据选举产生。理事会应不定期审议董事会的规模和结构，并可依照规定以超级多数投票的形式适当调整董事会的规模或结构。每名董事可以自行任命一名副董事，在缺席时代表董事行使全部权利。董事和副董事应该是成员国的国民。不允许同时有两名或者两名以上的董事同属一个国籍，也不允许有两名或者两名以上的副董事同属一个国籍。董事任期为两年，可以进行选举后连任。亚投行不予支付董事或副董事薪酬，但是可支付相应出席会议产生的合理支出。董事会负责指导亚洲基础设施投资银行的总体业务，为此，除了协定基本明确赋予的权力外，还会有行使理事会授予的一切权力，包括：一是理事会的准备工作；二是指定亚洲基础设施投资银行的政策；并以不低于总投票数的四分之三的多数，根据亚洲基础设施投资银行政策对银行主要业务和财务政策的决策，及向行长下放权力事宜作出决定；三是对明确的亚洲基础设施投资银行业务作出决定，并以不低于成员总投票的四分之三的多数，就向行长下放相关权力作出决定；四是常态化监督银行管理与业务运营活动，并根据透明、公开、独立和问责的原则，建立以此为目的的监督机制；五是批准银行战略、年度计划和预算；六是视情成立专门文员会；七是提交每个财年的经审计账目，由董事会批准。

董事会应根据亚洲基础设施投资银行业务需要，全年定期召开会议。董事会在非常驻基础上运作，除非理事会依照亚洲基础设施投资银行协定的第二十八条规定经超级多数投票通过，另行作出决定。董事会主席或三名董事提出要求，即可召开董事会会议。当出席会议的董事人数超过半数，且其代表的投票权不低于成员总投票权的三分之二时，即构成任何董事会会议的法定人数。理事会应订立规章，允许没有董事席位的成员，在董事会审议对该国有特别影响的事项时，可指派一名代表出席会议，但无投票权。董事会应建立议事程序，允许董事会通过电子方式召开会议或者通过非会议方式对某一事项进行投票。在运行初期，亚洲投资建设银行设非常驻董事会，每年定期召开会议就重大政策进行决策。亚投行还将设立行之有效的监督机制以落实管理层的责任，并根据公开、包容、透明和择优的程序选聘行长和高层管理人员。

2. 亚洲基础设施投资银行权力层级

根据亚洲基础设施投资银行协定的规定，亚投行成员与亚投行之间或成员之间在解释或实施本协定规定发生疑问时，应提交董事会决定。如董事会审议的问题与某个成员有特殊关系而董事会无该成员国籍的董事时，该成员有权派代表直接参加董事会会议，但该代表没有投票权。该代表的权利应由董事会规定。

董事会作出本条第一款下的决定后，任何成员仍可要求将问题提交理事会讨论，由理事会作出最终裁决。在理事会作出裁决之前，如果亚洲基础设施投资银行认为必要，可根据董事会的决定行事。

在亚洲基础设施投资银行与已终止成员资格的国家之间，或者在亚投行通过终止亚投行业务的决议之后亚洲基础设施投资银行与成员之间发生争议，应提交由三名仲裁员组成的法庭进行仲裁。在仲裁员安排当中，一名由亚洲基础设施投资银行任命；一名由涉事国家任命；除双方另有协定外，第三名由国际法院院长或亚洲基础设施投资银行理事会通过的规章中规定的其他当局指定。仲裁员以简单多数作出决定，该仲裁决定为最终裁决，对双方均有约束力。双方在程序问题上有争议时，第三名仲裁员应有权处理全部程序问题。

除本协定第五十三条第二款所列情况之外，亚洲基础设施投资银行采取任何行动前，如需征得任何成员同意，应将拟议中的行动通知该成员。如该成员未在亚洲基础设施投资银行通知中规定的合理时间内提出反对意见，即应视为业已获得该成员的同意。

六、亚洲基础设施投资银行的股权、投票权 及投资方向

1. 亚洲基础设施投资银行的股权结构和投票权

亚洲基础设施投资银行的法定股本为 1000 亿美元，分为实缴股本和待缴股本，其中实缴股本为 200 亿美元；待缴股本为 800 亿美元。域内外成员出资比例为 75∶25。经理事会同意后，亚洲基础设施投资银行可增加法定股本及下调域内成员出资比例，但域内成员出资比例不得低于 70%。域内外成员认缴股本在 75∶25 范围内参照 GDP（按照 60% 市场汇率法和 40% 购买力平价法加权平均计算）比重进行分配，并尊重各国的认缴意愿。目前，由于个别国家未足额认缴按其 GDP 占比分配的法定股本，亚投行总认缴股本为 981.514 亿美元，剩余 18.486 亿美元为未分配股本。初始认缴股本中实缴股本分 5 次缴清，每次缴纳 20%。按照上述规则计算，中国认缴股本为 297.804 亿美元，占总认缴股本的 30.34%，现阶段为亚投行第一大股东。中国投票权占总投票权的 26.06%，也是现阶段投票权占比最高的国家。

新成员加入后，仍将在上述规则框架内进行股份分配。亚投行正式成立后，将由各方共同研究确定吸收新成员程序，并在考虑新成员申请时，就其股份及投票权、选区等作出一揽子安排。随着新成员的加入，现有成员的股份和投票权比例均可能被相应稀释。

表 1.1　亚洲基础设施投资银行各股东的股份数量及认缴资本情况

（单位：百万美元）

国家	股份数量	认缴股本	国家	股份数量	认缴股本
澳大利亚	36912	3691.2	泰国	14275	1427.5
阿塞拜疆	2541	254.1	土耳其	26099	2609.9
孟加拉国	6605	660.5	阿联酋	11857	1185.7
文莱	524	52.4	乌兹别克斯坦	2198	219.8
柬埔寨	623	62.3	越南	6633	663.3
中国	297804	29780.4	未分配股份	16150	1615
格鲁吉亚	539	53.9	合计	750000	75000
印度	83673	8367.3	域外成员		
印度尼西亚	33607	3360.7	奥地利	5008	500.8
伊朗	15808	1580.8	巴西	31810	3181
以色列	7499	749.9	丹麦	3695	369.5
约旦	1192	119.2	埃及	6505	650.5
哈萨克斯坦	7293	729.3	芬兰	3103	310.3
韩国	37388	3738.8	法国	33756	3375.6
科威特	5360	536	德国	44842	4484.2
吉尔吉斯斯坦	268	26.8	冰岛	176	17.6
老挝	430	43	意大利	25718	2571.8
马来西亚	1095	109.5	卢森堡	697	69.7
马尔代夫	72	7.2	马耳他	136	13.6
蒙古	411	41.1	荷兰	10313	1031.3
缅甸	2645	264.5	挪威	5506	550.6
尼泊尔	809	80.9	波兰	8318	831.8
新西兰	4615	461.5	葡萄牙	650	65

续表

（单位：百万美元）	股份数量	认缴股本	国家	股份数量	认缴股本
阿曼	2592	259.2	南非	5905	590.5
巴基斯坦	10341	1034.1	西班牙	17615	1761.5
菲律宾	9791	979.1	瑞典	6300	630
卡塔尔	6044	604.4	瑞士	7064	706.4
俄罗斯	65362	6536.2	英国	30547	3054.7
沙特阿拉伯	25446	2544.6	未分配股份	2336	233.6
新加坡	2500	250	合计	250000	25000
斯里兰卡	2690	269	总计	1000000	100000
塔吉克斯坦	309	30.9			

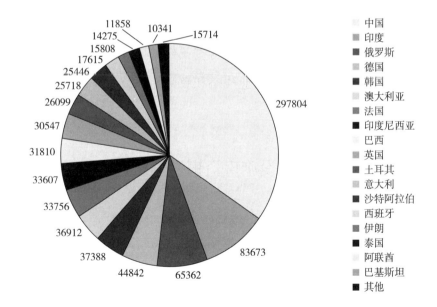

图 1.1 亚洲基础设施投资银行股份数量（股份）

数据来源:《亚洲基础设施投资银行协定》。

19

2. 亚洲基础设施投资银行投资使用的核心金融工具

亚洲基础设施投资银行使用的核心金融工具包括：贷款、股权投资和担保，并且预期亚投行会有能力提供技术辅助。除了成员国认购的资本之外，亚投行将主要通过从全球金融市场发行债券、银行间市场交易和其他金融工具来筹集资金。亚投行的贷款模式包括亚投行欢迎能够产生正的金融、经济效益的基础设施投资项目。尤其欢迎能够给多个国家和地区产生效益的项目。借款的国家将会被审查该国债务是否具有可持续性，以及这是否符合贷款国家的国家发展战略。

亚洲基础设施投资银行的投资领域专注于亚洲地区基础设施和其他生产部门的发展，比如能源和电力、运输和通信、乡村基础设施和农业发展、城市发展和物流。所有这些亚投行投资都受到由董事会批准的亚洲基础设施投资银行商业战略和政策的规范。

七、亚洲基础设施投资银行的定位及特点

1. 亚洲基础设施投资银行将发挥开发性金融机构作用

开发性金融是在政策性金融引入市场运作机制的新发展，既能弥补市场失灵又能提供公共品，既能体现政府意图又能遵循市场规律，兼具政策性金融和商业金融优势，可以维护金融稳定，增强国际竞争

力。作为金融体系的重要组成部分，开发性金融以促进经济社会发展为目标，强调市场运作、保本微利及中长期财务可持续，不以盈利为优先目标。开发性金融的理念与亚洲基础设施投资银行通过支持基础设施建设从而促进亚洲可持续发展的宗旨不谋而合。

开发性金融是以特定信用支持为基础，服务于国家战略性行业和领域的投融资行为，不以盈利为优先目标，强调市场运作、保本微利和中长期财务可持续。作为金融体系的重要组成部分，开发性金融广泛存在于发达国家和发展中国家，为促进经济社会发展作出了重要贡献。近年来，开发性金融在我国取得令人瞩目的发展，为基础设施、基础产业和支柱产业等战略性领域提供了大量长期资金，对促进我国的城镇化、工业化和国际化进程发挥了独特的作用，走出了一条中国特色的开发性金融之路。

从国际上来看，从事开发性金融业务的机构较为普遍，包括国际复兴信贷银行（IBRD）、亚洲开发银行（ADB）等在内全球性和区域性的开发性金融机构，德国复兴信贷银行（KFW）、法国储蓄托管机构（CDC）、巴西国民经济和社会发展银行（BNDES）、韩国开发银行（KDB）、马来西亚开发银行（BPMB）等在内的国家层面的开发性金融机构。在 2008 年国际金融危机爆发后，开发性金融机构依托特定信用支持、服务实体经济、维护市场稳定的逆周期调节作用更为凸显，成为各国政府实施救助措施、助力经济复苏的重要抓手。

开发性金融机构总体上具备六大特征：一是受专门立法约束。通过立法明确机构的性质、使命及配套政策，依法成立、依法运行。二是给予特定信用支持。开发性金融机构一般为国家全资所有或国有控股，政府对其负债提供信用支持，使其能够以高信用评级在资本市场获得相对低成本的资金。三是以中长期投融资业务为主。德国复兴信贷银行、法国储蓄托管机构、意大利储蓄信贷机构（CDP）都是长期投资者俱乐部（Long term investors club）的创始成员，致力于以中长期投融资服务实体经济，并维护金融市场的稳定。四是坚持市场化运作。以整体业务财务可平衡和机构长期发展可持续为目标，按照市场原则，自主经营决策，发挥引领和撬动作用，引导社会资金共同支持经济社会发展。五是具有完善的配套措施。在严格内外部监管的同时，根据业务特点建立差异化的监管和评价指标，实现促发展与控风险的有机统一。给予免税、免分红等支持政策，增强服务国家战略和可持续发展的能力。六是资本充足率普遍较高。资本金是金融机构用以开展业务、消化损失、抵御风险的基础，也是约束过度扩张的有效手段。由于开发性金融机构担负着支持本国经济发展战略的重要使命，资本金水平普遍较高，并且可随政策需要而追加。2013 年末，德国复兴信贷银行、韩国开发银行、巴西国民经济和社会发展银行、马来西亚开发银行的资本充足率分别为 22.3%、14.6%、19.2% 和 14.4%。

亚洲基础设施投资银行作为政府间多边金融机构，采取市场化运作模式，发挥开发性金融机构的作用。亚投行的成立将有助于中国更加积极有为地参与国际事务，在后危机时代更多地提出中国方案、贡献中国智慧，为亚洲乃至国际社会提供更多公共品，促进亚洲地区基础设施建设和互联互通，并进而推动完善国际治理体系，扩大发展中国家在国际事务中的代表性和发言权。

国际金融危机爆发后，开发性金融机构在金融服务实体经济及维护市场稳定的逆周期调节作用功能凸显，成为世界各国政府实施的主要救助措施、加大经济复苏力度的重要抓手。

首先，开发性金融机构有特定信用支持。开发性金融机构能够以高信用评级在资本市场获得相对低成本的资金，还会获得免税、免分红等支持政策，增强了其可持续发展的能力。

其次，开发性金融机构以中长期投融资业务为主市场化运作。亚投行将致力于以中长期投融资服务实体经济，采用 PPP 等模式发挥引领和撬动作用，引导社会资金共同支持经济社会发展，维护金融市场的稳定。

最后，开发性金融机构资本充足率较高。开发性金融机构资本金水平普遍较高，有助于维护金融稳定，保障基础设施投资。开发性金融为我国基础设施发展提供了大量长期资金，对促进城镇化、工业化和国际化发挥了独特作用，亚投行也将走全球开发性金融之路。

2. 亚洲基础设施投资银行是对国际金融机构的创新

亚洲基础设施投资银行的协定共计 11 章 60 条，全面规定了亚洲基础设施投资银行的宗旨、成员资格、股本及投票权、业务运营、治理结构、决策机制等核心要素，为亚投行正式成立并及早投入运作奠定了坚实法律基础。

从宗旨来看，亚投行作为政府间区域开发机构，按照多边开发银行的模式和原则运营，重点支持亚洲地区基础设施建设。亚投行与其他多边和双边开发机构紧密合作，通过在基础设施及其他生产性领域的投资，推进区域合作和伙伴关系，促进亚洲经济可持续发展。

从资金来看，亚投行法定资本1000亿美元。实缴资本从成员国政府募集，其余资金则是作为多边开发金融机构从全球金融市场发债筹集，或从银行间市场来获取资金。亚投行的核心金融工具主要有贷款、股权投资及担保等。投资方向为基础设施和其他生产性领域。

从组织来看，亚投行从筹建起就提出精干、廉洁、绿色的核心理念，并一以贯之。亚投行按照现代治理模式，设立理事会、董事会和管理层三层管理架构，其中理事会是最高决策机构，董事会负责总体运营，亚投行的非常驻董事会创新模式节约了运营成本。

从投票权和股份来看，亚投行的总投票权由股份投票权、基本投票权以及创始成员享有的创始成员投票权组成。每个成员的股份投票权等于其持有的亚投行股份数，基本投票权占总投票权的12%，由全体成员平均分配。域内外成员认缴股本在75：25范围分配。

3. 亚洲基础设施投资银行坚持国际化、规范化和高标准

作为多边开发银行和多边发展体系的新伙伴、新成员，亚投行将充分借鉴现有多边开发银行在治理结构、环评政策、保障条款、采购政策、借款国财政可持续性评价及项目管理等方面的标准和通行经验，制定严格且切实可行的高标准保障条款，共同研究提出基础设施

建设备选项目储备。亚投行作为专业、高效的基础设施投融资平台，将实现各方互利共赢。

面向全球的招投标以及选人准则也是亚投行的创新之处。除了完善环境和社会保障框架、采购等业务政策，确保运行的专业、透明和高效廉洁外，亚投行还将通过制定人力资源政策以及员工选聘程序和标准，在全球范围内按照公开透明程序遴选人才。

4. 亚洲基础设施投资银行与现有多边金融机构互补合作

在亚洲基础设施融资需求巨大的情况下，由于定位和业务重点不同，亚投行与现有多边开发银行是互补而非竞争关系。历史上区域性多边开发银行的设立，不仅没有削弱原有多边开发银行的影响力，而且增强了多边开发性金融的整体力量，有力地推动了全球经济的发展。

作为支持基础设施发展的多边金融机构，亚投行将有助于从亚洲域内及域外动员更多的急需资金，缓解亚洲经济体面临的融资瓶颈，与现有多边开发银行形成互补，促进区域合作与伙伴关系，共同解决发展领域面临的挑战，推进亚洲实现持续稳定增长。

亚洲基础设施投资银行也将与世行、亚开行等现有多边开发银行在知识共享、能力建设、人员交流、项目融资等方面开展合作，共同提高基础设施融资水平，促进经济和社会发展。作为世行、亚行的重要股东国，中国也将一如既往地支持现有多边开发银行在促进全球减贫和发展事业方面作出积极贡献。

表 1.2　亚洲基础设施投资银行、世界银行、亚洲开发银行比较

	亚洲基础设施投资银行	世界银行	亚洲开发银行
创立时间	2015 年底	1945 年	1966 年
主导国家	中国	美国	美国、日本
成员国	创始成员国 57 个	187 个	67 个
注册资本	1000 亿美元	2231 亿美元	1650 亿美元
最大出资国	中国（30.34%）	美国（16.5%）	日本美国各 16.5%

数据来源：根据亚投银行、世界银行、亚开行官方网站整理。

八、亚洲基础设施投资银行的近期任务规划

1. 亚洲基础设施投资银行的近期投资意向

亚洲基础设施投资银行的资源会优先投资亚洲，尤其是亚洲低收入国家。低收入国家在基础设施投资方面有大量积压工程，却很难从市场、世界银行或者亚洲开发银行等贷到足够资金。亚洲基础设施投资银行希望能与私营部门合作，让这些国家可以在不增加债务的基础上获得投资。

亚投行的第一批项目能够在 2016 年第二季度正式运行。亚洲基础设施投资银行的首批项目是电力和公路，并可能涉足健康、教育和

环境保护，且亚投行青睐主权担保项目。亚投行不会盲目追求高风险高回报率的项目，亚投行整体应该是盈利的，项目获得6%—10%的回报是合理的、可以接受的。

亚洲投资建设银行的内部权责明确，从而提高效率。管理层应负责具体项目决策，而董事会则应该专注于整体政策制定，不应直接参与到具体项目中，关键在于不要让亚投行内部机构重复相同的工作和责任。同时，亚投行鼓励项目赞助者和项目所在国政府承担更多责任，帮助相关各方提升制度建设和管理机构的能力，利于项目进展更加顺利。

2. 亚洲基础设施投资银行在环保、移民安置等方面的标准

亚洲投资建设银行将充分尊重和借鉴现有多边开发银行在治理结构、环评政策、保障条款、采购政策、借款国财政可持续性评价以及包括基础设施领域投资在内的项目管理等方面的有关标准和好的做法，制定严格并切实可行的高标准保障条款。当然，现有多边开发银行也在对其保障政策中过于烦琐、不切实际及与业务关联度不高的一些做法进行改进，亚投行将避免重复这些问题，以降低成本和提高运营效率。

3. 亚洲基础设施投资银行欢迎新会员的加入

亚洲基础设施投资银行是按照"先域内、后域外"的原则和步骤

进行筹建磋商的。2014 年首批签署亚洲基础设施投资银行备忘录的国家都是亚洲域内国家，这些国家是亚投行首批意向创始成员，接下来将参与亚洲基础设施投资银行章程（法律协定）的谈判。其他国家如果认同备忘录内容并经现有意向创始成员同意后，也可成为意向创始成员并参与亚投行章程的谈判。各国将于 2015 年内完成亚投行章程签署和生效等相关工作，使亚投行于 2015 年底前正式成立。签署亚投行章程的国家都将是亚投行创始成员。因此，未来亚投行的成员并不仅限于签署备忘录的这些国家。预计 2015 年亚投行成员国将达到接近 70 个国家。

第二章
关于亚投行的第二个 W（为什么）[*]

在 2015 年全国"两会"闭幕前夕，中国财政部官网发布信息称，英国向中方提交了作为意向创始成员国加入亚洲基础设施投资银行（以下简称"亚投行"）的确认函。美国白宫针对此举发表即时评论，指责英国"不断迁就"中国，有些媒体认为美国的这种指责极其罕见，美英在国际舞台上是极为亲密的盟友关系，而在加入亚投行的意见上却出现了显著分歧，引发国际社会的广泛关注。然而，美国的言论并没有对其他盟友起到"警示"作用，今年 3 月中旬以来德国、法国、意大利等发达大国陆续申请加入亚投行。

发达大国罔顾美国指责而纷纷加入中国主导的多边开发机构的"亚投行现象"引起多方评论。有些评论认为七国集团中过半数成员支持亚投行预示美国主导能力的弱化，还有些认为"亚投行现象"体

---

* 此处 W 为英文单词 why 的首字母。

现中国在推动国际经济秩序调整过程中取得巨大成功。"亚投行现象"为何引发各方关注？如何客观评估这种现象？中国为何要重视"亚投行现象"？等等，这些问题都亟待进一步解读。

一、为什么是亚投行？

亚投行的章程对于成立亚投行的宗旨做了明确的界定，即通过在基础设施及其他生产性领域的投资，促进亚洲经济可持续发展、创造财富并改善基础设施互联互通；与其他多边和双边开发机构紧密合作，推进区域合作和伙伴关系，应对发展挑战。这明确了亚投行的重点所在，也成为理解为什么要创立亚投行的重要依据，那就是亚投行确立的服务基础设施的投资定位是否有必要？中国为什么要力推亚投行？等等。综合来看，亚洲基础设施的巨大缺口构成了成立亚投行的必要性，而中国拥有巨额外汇储备客观上为短期基础设施投资提供了重要的资金保证，创立亚投行则是搭建借助中国外汇储备等资金引导多方资金投资亚洲基础设施的平台。

1. 全球减速分化构成成立亚投行的重要环境

全球经济减速分化亟待寻求新的增长动力，而借助亚投行助力基础设施投资增长成为促进全球经济发展的重要力量，这也是为何当下成立亚投行受到广泛支持的重要原因之一。观察当前世界经济发展，尽管全球经济保持复苏增长态势，但主要国家经济增长分化的现象未见改观。美国经济在 2014 年三季度以来增速有所放缓但总体延续改善态势，日本经济自危机以来历经多次衰退，增长动力不足，欧洲经济自金融危机以来长期处于疲软状态。相比发达经济体的表现，危机以来拉动全球经济增长主引擎的新兴经济体也呈现减速分化现象，中国经济增速倒逼深层次的结构性改革，巴西经济濒临衰退，也门局势动荡升级，乌克兰等地缘政治问题仍在发酵，俄罗斯经济由于地缘政治、大宗商品景气周期调整、欧美制裁等多重因素交织而增大经济系统性风险。

尽管世界各国通过 G20 等国际平台加强沟通协调，美国力推 TPP 及 TTIP 等深化区域合作战略，中国倡导通过亚投行等机制促进基础设施等国际经济合作，但短期全球经济仍然面临较多不确定性，世界主要国家复苏增长分化，导致宏观政策分化，由此可能产生负向溢出效应，尤其是美联储货币政策收紧预期增强，可能对国际金融稳定性构成冲击，叙利亚局势持续动荡构成全球经济新的不确定性，全球结构改革滞后促使全球经济缺乏内生增长动力。总体来看，全球经济复苏增长基础尚不稳固。

根据 IMF 今年 7 月份发布的《世界经济展望》的预测，对 2015 年全球经济增长预测降到 3.3%，2016 年降到 3.8%，相比 2014 年 10 月发布的《世界经济展望》的预测分别下调了 0.5 与 0.3 个百分点。尽管油价下跌等因素有助于全球经济增长，但全球经济尚未形成内生增长动力，世界主要国家分化的现象没有根本改变，这也是近年来 IMF 经常下调预测的重要原因。结合金融危机以来全球经济复苏增长来看，复苏增长减速分化已经构成了新常态。全球经济新常态既体现在与金融危机之前不同的表现，也体现在主要经济体在危机外生冲击外部失衡调整中所滋生的不同特性，同时也反映在不同经济体所面临的外部环境的变化上。

2. 亚洲基础设施投资的重要性与现实缺口构成成立亚投行的直接动因

首先，基础设施的经济增长效应显著。从 20 世纪 80 年代开始，经济学家开始关注基础设施与经济增长之间的关系，普遍认为基础设施投资具有极强的经济溢出效应，每一美元的基础设施投资将带来其他领域 3 至 4 美元的需求增长。而在亚洲每 10 亿美元的基础实施投资将创造 18000 个就业机会。[①] 基础设施对经济增长的影响机制可概括为直接影响机制和间接影响机制。其中，直接影响主要是指基础设施直接作为生产要素进入生产领域，基础设施的发展不仅降低了地区之间中间投入要素的生产成本，而且也使产品、服务的输出便利化，提高企业劳动生产率。而基础设施对经济增长的间接影响机制包括：基础设施能够提高经济系统中生产要素的生产率；提升社会资源的利用效率；提高一国社会的总产出；吸引社会生产要素流入形成"聚集效应"，促进规模经济效应等。[②]

---

① Syadullah, M., Prospects of Asian Infrastructure Investment Bank. *Journal of Social and Development Sciences*, 2014. 5(3): pp. 155-167.

② 梁超：《国际贸易、基础设施规模对中国技术创新能力的影响》，中国社会科学出版社 2013 年版。

其次，亚洲基础设施融资需求巨大。一些机构组织对未来亚洲基础设施需求进行预测，结果一致认为亚洲基础设施的需求空间十分巨大。亚洲开发银行估计，从 2010 年到 2020 年亚洲发展中国家需要基础设施投资 8.22 万亿美元，每年需要新增投入 8200 亿美元基础设施资金。另据世界银行估计，到 2020 年东南亚基础设施投资规模大概达到 1.5 万亿美元，缺口达 7000 多亿美元。而麦肯锡公司预测，为应对持续的投资不足、人口增长带来的需求扩大、城市化的加速以及气候变化的影响，亚洲未来 10 年对基础设施项目的投资将达到 8 万亿美元。

第三，亚洲基础设施建设力不从心。虽然大量研究表明基础设施的投资对经济发展具有持续的重要性，但在大多数欠发达的国家，基础设施投资并没达到最优水平。一般而言，基础设施投资的资金来源是政府的财政收入，但受到经济发展的制约，不少国家有限的财政收入难以满足日益增长的基础设施需求，同时其他公共需求也在大量增长，政府又很难增加税收。实际上，从 1997 年金融危机之后亚洲地区的基础设施就陷入了困境，地区内许多政府都减少了基础设施的投入。"亚洲世纪"需要亚洲国家可持续的快速发展，而亚洲国家基本上都是发展中国家和新兴经济体，它们在基础设施方面，都比较落后或相对滞后，迫切需要巨额投资。从当今全球经济发展格局来看，区域一体化程度越来越高，但基础设施发展水平低、缺乏互联互通问题是制约发展的一大瓶颈。亚洲地区基础设施发展滞后于经济增长，无论在质还是量上均低于国际标准，对亚洲经济发展造成了相当严重的制约，即使把世界银行集团、发达国家官方开发援助都考虑在内，资金缺口依然很大。

3. 外汇储备规模高位运行构成中国倡导构建亚投行的重要基础

亚洲外汇储备规模巨大。根据汤森路透 2014 年的数据，亚洲国家的外汇储备总额为 7.47 万亿美元，再创历史纪录，其中，中国 2014 年第四季度外汇储备 38430 亿美元，占全球的 33.6%，占亚洲的 53.5%。而全球大部分的外汇储备均用于购买发达国家货币资产，据国际货币基金组织统计，2014 年第四季度全球外汇储备中美元占 62.9%，欧元为 22.2%。

如何解决外汇储备管理问题？通常的想法是优化外汇储备投资结构，实现外汇储备安全性、流动性和收益性。目前来看，欧债危机尚未完全企稳，全球经济不确定性依然较大，金融债券市场面临短期波动甚至风险升级，通过大量减持国债而增持其他金融产品的外汇储备结构调整显然不是占优策略。对此，有专家建议用外汇储备增持黄金，黄金从历史上看具有投资保值功能，如此调整不仅有效解决外汇储备保值增值难题，更能提升我国在全球金融的话语权。然而，这种思路忽视了外汇储备"体量"巨大的事实，意大利 2013 年 GDP 为 2.07 万亿美元，2014 年中国外汇储备是其 1.9 倍，是 2013 年英国 GDP 的 1.6 倍、法国 GDP 的 1.5 倍、德国 GDP 的 1.1 倍。超过世界大国经济总量的外汇储备投资黄金将面临新的难题，截至 2014 年 9 月份，世界各国官方持有黄金储备 31866.1 吨，总额 1.5 万亿美元左右，占中国外储的 40% 左右，表明我国外汇储备大量转换成黄金不具有可行性，更何况很多国家不愿意将黄金拍卖，即使我国可以大量增持，但如此"巨量"的买家出手将导致黄金价格暴涨，反过来可能导致外汇储备出现潜在损失。

外汇储备管理困境亟待创新思路，跳出资产投资结构优化的思维。既然资产投资结构的存量调整难以有效解决问题，潜在的选择落在了存量规模的缩减，即采取有效措施降低外汇储备规模。近些年业界为此提出了务实简单容易操作的思路，即外汇储备是国家的资产，那么将其分给老百姓，让全国人民在国外购买商品、旅游或者投资，既提升社会整体福利水平，又降低或者解决政府管理外汇储备的压力。这种说法具有内在的合理性，然而其有效性前提在于外汇储备是我国政府的净资产，否则就不能"一分了之"。结合实际来看，外汇储备是我国人民银行通过发行货币购买的，当前近 4 万亿美元外汇储备对应着我国央行 29 万亿左右人民币的投放，央行发行人民币是央行的负债，而外汇储备也形成了央行的资产，表明外汇储备并非政府的净资产，如果央行将外汇储备分给民众，那么它对应的负债将如何处理？从而这种方式难以有效实施。

金融产品结构调整难以有效大幅提升外汇储备管理收益，而高额外汇储备也不能简单分给老百姓，那么外汇储备管理难题应如何解决？目前可选的方案转向对外投资，即通过设立亚投行等平台增加对外投资，在此方式下，外汇投资真正实现多元化，虚拟资产和实体资产之间实现平衡，既满足应对国际金融市场波动的流动性对冲需求，同时也确实降低主要国际货币发行国货币量化宽松、债务危机等引发外汇资产大幅贬值的潜在风险。因此，外汇储备高位运行成为成立亚投行等开发性金融机构的重要基础。

亚投行支持对外投资的积极作用有以下几个方面，第一，外汇储备以资本金形成而运用，将减少央行基础货币的投放，从而部分缓解通胀压力。第二，银行贷款投向实体经济的收益要远高于国债收益率。第三，对基础设施的投资能够刺激亚洲地区的内需，有效地带动经济增长，辐射效应巨大。第四，亚洲基础设施的互联互通将促进亚太地区经济一体化，为深化金融合作创造条件，增加内部投资和贸易，形成良性循环，减少对美元以及不公正国际经济秩序的依赖。

设立亚投行进行区域内及跨区域的金融合作，能够同时缓解中国乃至其他国家外汇储备低收益与亚洲基础设施融资缺口。亚投行成员国通过央行认缴资本金，再通过贷款等渠道，集中各国外汇储备，同时通过发行债券、国际金融市场融资等方式，有效聚集区域内及国际闲散资金，将有助于加强各国资金供求配置的效率。而采取资金期限、规模、币种等的转换与组合，可以做到有效地规避风险，既满足区域内巨额基础设施的中长期融资需求，又有助于成员国实现更高的投资收益。总之，亚投行的设立，将增进亚洲特别是不发达地区的经济和社会效益，同时改变投资国的外汇储备低收益之现状，将在发达国家的低收益证券投资，转换为区域内高收益的实体投资，缓解储备资产缩水和通货膨胀的风险，不论从经济利益还是社会利益考虑都是更优的选择。

二、为什么亚投行引发关注？

亚投行是 2013 年 10 月习近平主席和李克强总理在先后出访东南亚时倡议建立的。总部将设在北京，法定资本为 1000 亿美元，初始认缴资本为 500 亿美元，目前创始成员已经商讨协商达成了亚投行章程。亚投行与世界银行、亚洲开发银行等同属于开发银行，在性质上并没有什么特殊性。然而，为何亚投行会引发社会如此多的关注？归根到底，主要在于"亚投行现象"释放了诸多非常态。

1. 亚投行影响了欧美主导的国际金融生态

尽管全球治理内容极为复杂，但货币金融是全球治理的核心，亚投行的成立可能触动既有国际金融格局，从而对当前欧美主导的国际金融生态呈现潜在的影响。货币金融是全球治理最核心的领域，也是世界大国争相竞争的重要领域。美国前国务卿基辛格指出，如果你控制了石油，你就控制了所有国家；如果你控制了粮食，你就控制了所有的人；如果你控制了货币，你就控制了世界。而英国著名经济学家凯恩斯也提出，要颠覆现存社会的基础，再没有比搞坏这个社会的货币更微妙且更保险的方式了。这体现了货币金融不仅是经济发展的重要因素，而且会影响社会稳定乃至国家存亡。因此，从而货币金融话语权也就成为世界大国竞相争夺的焦点。在当前持续发酵的乌克兰事件之中，欧美主要通过国际金融市场制裁俄罗斯，促使俄罗斯卢布危机等风险不断升级，此举引发外界对俄罗斯的高度担心。

欧美能够通过货币金融等手段促使俄罗斯陷入困境，表面上是俄罗斯在乌克兰事件中的孤立无援，实质上是美欧掌控全球货币金融话语权，经济战实质是规则战或者秩序战。第二次世界大战结束时，当时的战胜国苏联集团倡导计划经济，主动放弃参与开放市场全球秩序制定的机会，而1944年美国主导召集44个国家的经济特使在美国新罕布什尔州的布雷顿森林商讨战后体系，形成了以布雷顿森林协定为基础的现代国际经济金融秩序。即确立了美元主导国际货币体系的"美元双挂钩体系"，创建了国际货币基金组织及世界银行等两大国际金融机构。其中，国际货币基金组织总裁由欧洲人担任，世界银行总裁由美国人担任，体现了美欧在现代国际经济金融秩序中的主导地位。

伴随世界经济发展演变，尽管现代国际经济金融秩序出现微调，但美欧掌控全球经济金融秩序的局面并没有实质性改变。20世纪70年代美元危机终结了"美元双挂钩体系"，但当时爆发的石油危机、经济滞胀等问题促使发达大国再次抱团，全球治理由美国独霸转为美国主导G7集团的治理模式，同时，美元、欧元（欧元之前德国马克是主要的国际货币）、日元、英镑占据外汇储备份额95%左右。美欧主导国际经济金融秩序促使其在世界经济战中具有得天独厚的优势，全球规则倾向于维护美欧等发达大国的利益。

亚投行的建立虽然短期难以改变欧美在国际金融体系中的主导地位，但其对国际金融生态的影响不容忽视，由此可能成为推动国际金融体系变革的内在动力。一是亚投行改变了中国主导建立的开发银行缺乏发达大国参与的局面。党的十八届三中全会指出，建立开发性金融机构，加快同周边国家和区域基础设施互联互通建设。开发性金融机构发展列入中国政府的战略规划，近年来持续倡导构建金砖国家开发银行、上合组织开发银行及亚洲基础设施投资银行，虽然这些机构大多处于筹建阶段，但目前只有亚投行才有发达大国参加，这无疑为中国等发展中国家参与全球治理提供了重要的平台。

二是亚投行催生了游离于美国主导体系之外的发达大国参与的亚洲多边开发银行体系。美国是二战以来国际经济秩序的创建者和主导者，目前全球诸多国际或者区域治理平台大多是由美国及其盟友来管控。不管美国有没有直接管控相关平台，其都可以通过七国集团等治理体系来确保其主导性。然而，对于亚投行而言，英、德、法、意等发达大国已经主动申请加入，虽然美国对组建亚投行的态度由之前的反对转向欢迎，但组织亚投行的却是中国，这显然游离于美国的主导体系之外。

三是亚投行调整了世界银行、亚洲开发银行等主导的亚洲多边开发银行生态。亚太经济是全球经济的重要组成部分，世界银行及亚洲开发银行较长时期主导亚洲的多边开发银行体系。此次中国主导建立的亚投行，由于有诸多发达大国的介入而使其颇具发展潜力，虽然当前的资本金仍然不是很大，但据亚洲开发银行预计，2010—2020年，亚洲各经济体的基础设施如果要达到世界平均水平，则需要筹集至少 8 万亿美元资金。可见，亚投行发展空间十分巨大，未来伴随经济社会发展将逐步做大做强，由此推动亚洲多边开发银行生态的调整。

2. 亚投行暴露了美欧等发达大国关于全球治理体系的意见分化

二战以后布雷顿森林体系构建了美国主导的全球治理体系，而20世纪70年代以来全球化的加速塑造了美欧主导全球治理体系的格局。美欧拥有全球秩序话语权并不意味着美欧可以借助世界经济战形式获得竞争优势，这有两个很重要的前提。一方面，必须让世界大多数国家接受美欧创造的全球秩序，才能保证该体系具有较大的影响范围。在冷战时期，苏联集团徘徊于体系之外显然让该体系有失完整性。而近30年来国际经济金融环境出现显著变化，尤其是中国通过改革开放力推开放市场经济体制改革，20世纪80年代以来苏联解体、东西德合并等一系列事件的发生，苏联阵营的国家开始逐步加入西方发达国家主导的国际经济秩序。倡导计划经济的世界主要大国加入了欧美主导的全球开放市场秩序，促使欧美主导的全球秩序"名副其实"。

另一方面，必须让世界各国在欧美主导的全球秩序下深度合作，才能保证该体系具有较强的影响力。近年来国际经济合作深化主要体现在贸易全球化、金融全球化和生产全球化的深度发展。截至2014年6月WTO共有160个成员，覆盖全球98%以上的国际贸易，预示贸易全球化的深化发展。同时，以专业化分工为代表的生产全球化不断发展，全球分工从产业间向产业内、产品内分工演变。国际资本跨境加速流动，全球外商直接投资从 1970 年到本次金融危机前的 2007 年增长 160 倍，私人资本频繁大规模流动，资本配置效率持续提高。国际经济合作深化促使世界各国联系日益紧密，国际货币金融等对各国影响持续增强，客观上增大了欧美主导的全球秩序对世界经济的影响。

经济全球化尽管在当代快速发展有其客观性，但世界各国也清楚加入美欧主导的全球秩序可能弱化自身在世界经济战中的地位，为何世界各国仍然倡导深化开放合作？核心原因在于全球化促进了经济的更快发展。2010 年世界名义 GDP 达到 63 万亿美元，扣除价格因素，比 1970 年增长两倍多，而全球在公元 0—1000 年经济仅仅增长 15%，揭示世界经济在当代全球化背景下更快增长的现实。因而，防范世界经济战成为全球化背景下国际协调的核心内容。2008 年金融危机以来，世界主要国家通过 G20 平台进行国际协调，共同倡导实施大规模财政货币刺激政策，既有效避免了经济衰退所滋生的世界经济战风险，也实现世界主要国家共同刺激经济增长的合作局面，避免了全球经济出现 20 世纪 30 年代大萧条的局面。

20 世纪 70 年代全球经济遭受石油危机与经济滞胀以来，欧美主要大国作为成员的七国集团，在美国的领导下共同参与国际经济治理体系建设，尽管内部也有意见分歧，但美国与欧洲发达大国的意见大多保持一致。然而，此次关于亚投行的问题，英国、德国、法国等欧洲发达大国却不顾美国的反对而执意加入亚投行，体现了美欧在加入亚投行的初始意见上的巨大差异，而且在美国单边批评英国的背景下其他盟友还执意申请加入亚投行，暴露了发达大国尤其是美国及其盟友之间关于全球治理体系的意见分化。

3. 亚投行创新定位："一带一路"给予巨大想象空间

亚投行是政府间性质的区域多边开发金融机构，重点投资领域将包括交通、能源、通信等基础设施建设，致力于促进亚洲地区互联互通。由于亚投行的资源有限，会优先投资亚洲，尤其是亚洲低收入的国家。国际上现已成立了诸多全球性或区域性的开发金融机构（见表2.1），有观点认为亚投行成员分别是这些金融机构各自的成员，特别是亚洲开发银行在本地区也进行类似的投资活动，若再组建亚投行将导致重复建设和资源分化。但实际上，目前区域性政府间金融机构并未达到饱和状态。尽管包括中国在内的一些发展中国家也是这些机构的成员，但它们在其中的投票权较低，如中国在亚洲开发银行中的投票权仅占 5.5%。现有开发银行的服务对象众多，而且功能重点不一，对亚洲基础设施建设所发挥的作用有限。此外，亚洲是未来世界经济的增长极，在这个地区需要一个新的基础设施银行，不仅符合亚洲的利益，也符合西方国家的利益。因此，亚投行是对现有机构的有益补充，而非简单的重复和竞争关系，预示亚投行具有其发展的空间。

表 2.1　主要多边开发银行概况

名称	成立时间	性质	总部所在地	大股东	股本（亿美元）	成员数
亚洲开发银行	1966 年	亚太地区的区域性金融机构	菲律宾马尼拉	日本、美国	501.3	67
欧洲复兴开发银行	1991 年	美欧区域性国际性金融机构	英国伦敦	美国、法国、德国、意大利、英国、日本	277.5	61
泛美开发银行	1959 年	世界上成立最早、最大的区域性多边开发银行	美国华盛顿	美国	1010	48
非洲开发银行	1964 年	非洲最大的地区性政府间开发金融机构	科特迪瓦阿比让市	日本、加拿大、法国	329	77
金砖国家开发银行	2014 年	金砖国家间政府性开发金融机构	中国上海	中国、巴西、俄罗斯、印度和南非	500	5

注：因科特迪瓦政局不稳，非洲开发银行总部于 2002 年临时搬至突尼斯首都突尼斯市。

资料来源：作者整理。

从资金需求来看，"一带一路"等基础设施的需求极为巨大，客观上也支持亚投行未来可能扮演重要地位的观点。亚投行将是一个带有明显时代特征的多边开发金融机构，它将尽可能满足亚洲地区基础设施融资需求巨大的客观需要。从现在到 2020 年这段时期，亚洲地区每年基础设施投资需求将达到近万亿美元的水平，现有的世界银行、亚洲开发银行等国际多边机构都没有办法满足这个资金的需求。由于基础设施投资的资金需求量大，实施的周期很长，收入流不确定等因素，私人部门大量投资基础设施的项目是有难度的。亚洲地区其实并不缺乏资金，缺少的只是融资机制，目前需要搭建一个专门的基础设施投融资平台，以充分利用本地区充裕的储蓄，而亚投行为这提供了机会。

根据亚投行重要负责人金立群在公开场合的讲话，亚投行将和现有的多边开发银行合作，撬动私营部门的资金，合理分担风险，利益共享，促进亚洲基础设施的建设。亚洲地区的经济发展必将为域外的国家带来很好的发展机遇，给他们提供广阔的市场，扩大投资的需求，拉动这些国家经济的复苏，这对全球经济的可持续发展，增加全球的总需求，将是非常重要的。亚投行是由各方共建的最高标准的新型多边开发银行。亚投行将是一个深化互联互通，推动"一带一路"建设的多边开发机构，"一带一路"的建设有利于沿线的国家，也将会给其他地区和国家带来更多的贸易和投资机会，亚投行也将为其他国家提供投资。亚投行将是由所有成员通力合作共创的新型多边金融机构，未来将会广泛代表各个成员的利益，充分借鉴现有多边发展机构的良好做法和经验，同时在此基础上有所创新。亚投行的核心理念是精干、廉洁、绿色。

可见，亚投行的创新定位并非没有依托，而是在"一带一路"的重要战略背景下提出的，亚投行服务"一带一路"建设的使命尤其突出，亚投行与丝路基金将共同构成"一带一路"的两大资金支柱，亚投行主要支持基础设施建设，实际上重点将支持"一带一路"互联互通建设，理论上"一带一路"基础设施投资只要能够保持合理的回报，那么亚投行所有成员的资金都有可能通过亚投行投入实体经济，当前57 个成员的资金客观上构成了亚投行的重大空间，考虑到未来还会有更多成员加入亚投行，那么亚投行资金供给或者能够撬动的资金相当巨大。

三、为什么中国要重视"亚投行现象"

虽然亚投行对全球的影响有待观察，但亚投行是中国主导构建多边开发银行这一公共产品的尝试，此举已经引发世界的广泛关注。这是世界对中国推动开发性金融治理体系建设的关注，也是世界对中国大国发展的期待。在此背景下，中国应高度重视"亚投行现象"，化解潜在挑战，抓住有利机遇，稳步推动亚投行建设发展，并为更广范围内推动国际经济秩序调整积累良好的经验。

1. 亚投行是中国崛起的客观诉求

世界经济格局变化催生国际经济秩序调整，属于经济社会发展的自然规律，各国只能适应或者推动秩序的调整优化。然而，对于中国来说，未来不能采取被动适应全球秩序调整的方式，因为本次世界经济格局变化凸显中国因素的重要性，中国不仅是世界经济格局调整的影响者，更是持续推动未来世界经济格局变化的重要力量。然而，国际经济秩序调整涉及既定游戏规则的变更优化，更触及相关利益群体的利益重新分配，本质上体现了大国之间的竞争，国际经济秩序调整往往非常困难。因而，中国需要创新策略，推动国际经济秩序调整优化，提升自身在全球治理中的话语权，而亚投行则是实现这个目标的重要尝试。

金融危机以来中国推动全球治理变革的需求日益增强。尤其是当前全球经济复苏增长分化，美国经济持续改善的态势未见逆转，安倍经济学未能助推日本经济持续反弹而重陷负增长，欧洲经济复苏增长乏力，国际环境变化及深化改革诉求倒逼中国等新兴经济体结构调整。不同经济形势引发的各国差别化宏观政策可能加剧政策溢出效应，世界主要经济体分化加速世界经济格局调整，内在要求国际经济秩序同步变革。然而，迄今为止，国际经济秩序并未出现实质性的调整，现有国际经济秩序面临的挑战及问题日益突出。

首先，国际经济秩序不适应中国崛起等世界经济格局调整的问题日益突出。当前世界经济格局变动内在要求新兴经济体在国际经济秩序中的话语权同步上升。以市场汇率测算，G7 集团经济总量占全球 GDP 比重由 1980 年的 62% 下降到 2014 年的 46%，而同期新兴及发展中经济体占全球比重则由 25% 上升至 39%；若以购买力平价测算，G7 集团经济总量占全球 GDP 比重由 1980 年的 51% 下降到 2014 年的 32%，而同期新兴及发展中经济体占全球 GDP 比重则由 36% 上升至 57%。要使国际经济秩序具有代表性，新兴经济体的话语权亟待稳步提升。尽管 2010 年 IMF 与世界银行份额改革中发达经济体提出将向发展中国家转移部分投票权，但该计划目前由于美国国会阻挠尚未通过，而且即便通过了，美国等发达经济体主导国际经济秩序的局面依然没有改变，国际经济秩序不适应世界经济格局的问题日益凸显。

其次，国际货币体系不稳定性构成国际经济秩序重大挑战。国际货币体系是国际经济秩序的核心，2014 年是布雷顿森林会议 70 周年，该会议确立的美元主导的国际货币体系已经持续运作至今，但该体系不稳定性的事实日益突出。美元自从 20 世纪 70 年代以来急剧贬值，每盎司黄金的美元价格由 35 美元持续飙升到 1000 多美元，美元国际储备稳定性难以保障，本次危机以来美联储为自身经济发展而超常规调节货币供应，近来伴随美国经济复苏改善而逐步退出 QE，引发新兴经济体资本跨境频繁流动，不仅加剧国际金融不稳定性，而且影响国际储备保值增值，表明国际货币体系稳定性问题十分突出。

第三，国际贸易保护主义抬头，亟待国际经济秩序创新协调。贸易自由化是 20 世纪 30 年代"大萧条"以来国际经济治理的重要目标之一。尽管 WTO 的快速发展促进了国际贸易自由化的深化，然而，贸易保护并没有完全消除。新一轮贸易保护主义主要以发达国家为主体。为应对本国经济发展缓慢、解决就业问题、维持在国际贸易领域的优势地位，这些国家以贸易公平的名义，采取绿色壁垒、技术壁垒、反倾销和知识产权等新的更为隐蔽的措施，实施贸易保护。主要国际储备货币发行国持续推行宽松政策，促使本币贬值以变相获得竞争优势，构成了当前贸易保护的另一形式，必须推动国际经济秩序调整优化以破解潜在的难题。

第四，国际经济治理平台亟待发展完善。在 2008 年金融危机中，世界主要国家通过 G20 平台出台一系列重要举措，促使全球经济避免重蹈 20 世纪 30 年代"大萧条"的覆辙，G20 组织成为比 G7/8 更有代表性的国际经济治理平台。然而，伴随着危机以来世界主要国家复苏增长分化，G20 国家不再像危机期间共同面临经济下滑问题，由此开展的国际协调也就出现分歧，各国关心的重点也开始分化，G20 的效率面临持续下降的风险。G20 是维持危机应对的临时性平台或全球经济治理的长久性机制？G20 与已有国际平台是"替代""补充"还是"合作"关系？这些重要问题尚未解决，世界亟待寻求国际经济治理平台的发展完善。

综合来看，中国应更加理性评估国际经济秩序对于中国由大国向强国转变的重要作用。观察人类经济发展历史，美英等大国发展都离不开推动既有国际经济秩序的变革调整。中国曾经在明清等历史时期经济总量位居世界前列，但当时秉承闭关锁国的思想，没有积极参与国际经济秩序的塑造，成为制约中国发展成为世界强国的重要原因之一。而当前中国与外部深度融合，全球经济离不开中国，中国已经具备在某些重要领域谈判的主动权，应抓住机遇稳步推动制约中国开放经济发展的全球规则的调整完善。当然，国际经济秩序由美国主导的格局短期内较难改变，中国仍不足以主导国际经济秩序，超越经济实力的国际经济秩序地位可能倒逼自身陷入责任困境。综合各方面的情况，中国当前力推亚投行，既回避了直接挑战美国等霸权国家的问题，也实现了倒逼全球治理体系变革的目标，因而中国对此应格外重视。

2."亚投行现象"促使中国更加理性思考全球治理变革

"亚投行现象"释放了诸多非常态，由此引发轩然大波也就不难理解，各方评论不一，但将其解读为美英关系破裂、美国主导能力遭受挑战、中国确立国际经济秩序主导权等，相关言论虽然也有其内在逻辑，但难免存在以点带面的过度夸大问题。该事件对全球影响的分析必须更加务实理性。

结合历史经验来看，发达大国加入发展中国家的开发银行等多边机构并不少见，比如非洲开发银行等多边机构都有发达大国的参与，发展中国家也在非洲开发银行等部分机构中拥有主导权，但这些机构已经成立运转多年，并未对现有秩序构成大的影响，也没有对全球造成巨大影响。

亚投行法定资本 1000 亿，不仅比世界银行资本低，而且也比亚洲开发银行资本总量少，亚投行从总量方面难以与世界银行或者亚洲开发银行相比拟。而且，亚投行侧重于基础设施建设，而现有的世界银行、亚洲开发银行等多边开发银行则强调以减贫为主要宗旨。因而，亚投行与现有多边开发银行是互补而非竞争关系，对世界银行、亚洲开发银行等现有体系的触动也就不应高估。

同时，英国等发达大国申请加入亚投行，更多的是经济行为，不能上升到美英战略联盟关系破裂的高度。美国在近年来宏观经济呈现持续改善态势，而欧洲经济仍然没有摆脱金融危机及债务危机的双重影响，欧洲经济通缩风险依然较大。在此背景下，寻求经济内生增长动力一直是欧洲等发达大国的重要目标，通过深化国际合作特别是与中国等亚洲新兴大国合作，成为短期稳增长的重要举措。亚投行重点支持亚洲基础设施建设及"一带一路"等互联互通，英国等大国加入亚投行有助于深化自身与亚洲的经贸合作，而且欧洲也作为"一带一路"的相关地区，由此可能享受亚投行的基础设施资金投入。从这个角度看，英国等发达大国抱团申请加入亚投行的原因就不难理解，而此举更多局限在经济合作层面，简单推测美英战略联盟关系的破裂显然站不住脚。

从全球治理体系的大局看，"亚投行现象"更多的是揭露现行国际经济秩序亟待调整完善的事实，但从实质上并未改变国际经济秩序由美国等发达大国掌控的局面。一方面，美国依然是世界上最强的国家，拥有前沿科技水平，具有强大的军事、经济等综合实力，掌控美元等全球金融霸权，这些都构成其对现有体系的主导能力短期内难以撼动。另一方面，从历史上看，如果没有出现世界大战等外部冲击，国际经济秩序的调整将极为缓慢。美国在19世纪70—80年代经济总量就已经超过英国，但直到20世纪40年代中期美国才主导全球体系，如果没有出现二战，那么国际经济秩序的更替可能还要经历更长时间。

3. "亚投行现象"体现了全球治理体系变革的中国因素

尽管中国必须理性看待"亚投行现象"，但随着"一带一路"战略的逐步落地，中国外交的新思路逐渐显现。亚投行的成立标志着中国面对激烈的国际竞争和低迷的世界经济形势主动谋划未来发展方向，以实际行动落实既定的发展理念，也为自身战略目标的实现奠定重要基础。"亚投行现象"逐步显示了全球治理变革中的中国因素。

首先，亚投行为"一带一路"提供重要的支撑，助力中国开放型经济新体制的构建，提升中国在全球治理体系中的地位。"一带一路"是中国新时期对外开放的大战略，是一项具有经济、政治、文化、安全、宗教等多重意义的综合设计，但经济是最首要的，而资金融通是重要支撑。[①] 随着"一带一路"沿线国家经贸往来的扩大，对金融服务的需求进一步增长，亚投行将为沿线国家基础设施有关项目提供投融资支持。亚投行的发展将助推中国在全球开放体系中的主动布局，促进中国开放型经济新体制的构建，由此促进中国在全球治理体系中的重要作用的发挥，逐步显示全球治理改革的中国因素。

其次，促进亚太自贸区建设，提升中国在亚太领域的影响力。中美是亚太最重要的两大经济体，中美将在亚太自贸区的发展中扮演重要地位，而中国主导成立亚投行支持亚洲互联互通，由此将提升亚太自贸区建设的中国影响。亚太自贸区的实现需要依赖全球供应链的不断扩展，关键需要是加速亚洲基础设施的发展与衔接，从"硬件"设施到"软件"规则的畅通，才能使所有亚太经济体，特别是发展中、欠发达、最不发达经济体能够融入到区域性网络中，获得宝贵的发展机遇，从根本上解决贫困和发展能力不足问题，促进未来亚太的创新

---

① 商务部、外交部：《推动共建丝绸之路经济带和 21 世纪海上丝绸之路的愿景与行动》。

51

与包容性发展目标的实现。亚投行的成立有助于缓解亚太经济合作的资金缺口，对亚太乃至全球都将起着重要作用，而中国在此过程中的作用将得到强化。

再次，亚投行有助于加速人民币国际化，提升中国在全球的金融话语权。亚投行可发挥助推一国货币国际化的作用，特别是有助于扩大人民币跨境结算和货币互换的规模，帮助人民币最终实现国际化。在亚投行的资本构成中，人民币应是重要组成部分，这就便于使用人民币对亚洲基础设施互联互通建设进行贷款和投资，将增大人民币跨境存款的规模，增加离岸人民币的供应，加快培育离岸人民币市场的发展，形成一个以实体经济为后盾支持人民币走出去，又以人民币走出去为杠杆拉动需求的良性循环。[①]

最后，"亚投行现象"有助于强化中国规则制定权。欧美等发达国家在国际贸易投资规则中扮演着更为重要的作用，从过去到现在一直是全球规则的缔造者和主导方。当前，发达国家面临新兴发展中经济体的崛起，开始努力谋求规则优势，试图继续占据世界经济的制高点。在这种形势下，全球、区域范围内陆陆续续出现了一些新的组织或谈判。亚投行的建立在强化中国在亚太地区等区域中制定规则的能力方面迈出了一步，在中国领衔下，发达国家与发展中经济体共同制定投融资规则，由此改变世界银行和亚洲开发银行在发达国家主导下制定国际标准的格局。

---

① 王军中：《设立亚投行的七个理由》，《中国证券报》2013 年 10 月 9 日。

4. 中国应多措并举重视"亚投行现象"

首先，应更加客观评估亚投行的挑战及有利条件，为未来推动其他区域或者国际治理平台建设做好示范。英国作为老牌世界强国加入亚投行具有重大意义，英国的支持不仅有助于提升亚投行的综合实力，而且有望为亚投行的创建提供重要的治理经验。但美国持续呼吁亚投行应遵循环境保护及社会保障等高标准的要求，这是美国为掌控全球秩序主导权而作出的正常反应，这种现象在未来中国推动其他区域或者治理平台建设中可能呈现常态化。中国在亚投行建设过程中既应重视英国的地位，也应重视理顺中美关系，而不应回避潜在的冲突，将亚投行建设好、运转好，为其他平台建设树立好的形象。

其次，在关注亚投行对外部治理机制影响的同时，也应注重亚投行对国内金融生态的影响。目前关于亚投行建设的影响讨论更多地局限在外部，较少关注亚投行对国内的影响。事实上，伴随近年来中国经济的较快发展，中国开发性金融取得了重大进展，当前国家开发银行资产已经超过世界银行与亚洲开发银行的总和而跃居成为全球最大的开发性金融机构。同时，金融危机以来中央政府倡导构建金砖国家开发银行、上合组织开发银行等开发性金融机构。未来如何厘清亚投行与国家开发银行、上合组织开发银行、金砖国家开发银行的关系，显然成为促进中国乃至区域金融生态健康运转的重要内容。

第三，应更加重视亚投行运行规则与治理模式研究，为推动开发银行等区域或者国际治理体系调整优化奠定基础。"亚投行现象"引发多方关注，但亚投行的运行规则、治理模式等尚有待研究。亚投行定位于基础设施投资而非援助，这是否意味着相关贷款将有全新的要求？如果不是，那么怎么保障资金的安全运转？同时，如何让亚投行的行为既体现参与各方的代表性诉求又能保障运转效率？等等，这些问题的破解亟待治理体系创新。中国应重视加快相关问题的研究讨论，为亚投行以及未来其他治理平台建设提出中国方案。

第三章
关于亚投行的第三个 W（谁）[*]

　　任何国际组织都有其成员。成员问题是国际组织最基本、最关键的问题。亚投行作为中国发起的多边国际金融机构，成员问题自始至终都比较敏感，引起诸多利益攸关方的密切关注。自中国发起成立亚投行倡议，亚洲诸多国家便积极响应；继而，许多欧洲国家也纷纷表示愿意以创始成员国身份加入亚投行。显然，亚投行已经不是"亚洲的银行"，更并非"中国的银行"。那么，为何许多欧洲国家会加入亚投行，而作为亚洲国家的日本却最终没有加入亚投行？中国所倡议的亚投行意味着什么？中国通过亚投行又会将亚洲的发展带往何处？

---

* 此处 W 为英文单词 who 的首字母。

一、成员国构成

根据亚投行成立协定，其首批意向创始成员国为 57 个，2015 年 6 月 29 日，《亚洲基础设施投资银行协定》签署仪式在北京举行。亚投行 57 个意向创始成员国财长或授权代表出席了签署仪式，其中 50 个国家正式签署《协定》，有 7 个国家需要在 2015 年底确认是否签署协定。

1. 并非亚洲的银行

亚投行是具有多边包容性质的国际金融合作机制，预计成员 57 国，域内 37 国，域外 20 国，因此不能说亚投行就是亚洲的银行。2013 年 10 月，习近平主席提出筹建倡议，包括中国、印度、新加坡等在内的 21 个首批意向创始成员国的财长和授权代表即共同决定成立亚洲基础设施投资银行。根据亚投行成立过程，可以发现，亚投行是一个成员范围不断扩大的多边金融机制。（见图 3.1、表 3.1）

图 3.1　亚投行创始成员国分布图

表 3.1　亚投行成员国申请备忘录

1	2014 年 10 月 24 日，中华人民共和国、孟加拉国、文莱、柬埔寨、印度、哈萨克斯坦、科威特、老挝、马来西亚、蒙古国、缅甸、尼泊尔、阿曼、巴基斯坦、菲律宾、卡塔尔、新加坡、斯里兰卡、泰国、乌兹别克斯坦和越南等 21 国在北京正式签署《筹建亚投行备忘录》
2	2014 年 11 月 25 日，印度尼西亚签署备忘录，成为亚投行第 22 个意向创始成员国
3	2014 年 12 月 31 日，马尔代夫正式成为亚投行第 23 个意向创始成员国
4	2015 年 1 月 4 日，新西兰正式成为亚投行第 24 个意向创始成员国
5	2015 年 1 月 13 日，塔吉克斯坦宣布加入亚投行

续表

6	2015 年 2 月 7 日，约旦成为亚投行意向创始成员国
7	2015 年 3 月 12 日，英国正式申请作为意向创始成员国加入亚投行，成为首个申请加入亚投行的欧洲国家，也是首个申请加入亚投行的主要西方国家
8	2015 年 3 月 17 日，法国、意大利和德国宣布将申请作为意向创始成员国加入亚投行
9	2015 年 3 月 18 日，卢森堡正式宣布申请作为意向创始成员国加入亚投行
10	2015 年 3 月 20 日，瑞士、阿联酋正式宣布申请作为意向创始成员国加入亚投行
11	2015 年 3 月 24 日，香港特区政府已向中央政府提出加入中国牵头的亚投行
12	2015 年 3 月 26 日，土耳其正式宣布申请作为意向创始成员国加入亚投行
13	2015 年 3 月 27 日，韩国正式宣布申请作为意向创始成员国加入亚投行
14	2015 年 3 月 27 日，卢森堡正式成为亚投行第 28 个意向创始成员国
15	2015 年 3 月 27 日，奥地利正式宣布申请作为意向创始成员国加入亚投行
16	2015 年 3 月 27 日，西班牙正式申请加入亚投行
17	2015 年 3 月 28 日，荷兰、巴西、格鲁吉亚和丹麦正式宣布申请以意向创始成员国身份加入亚投行
18	2015 年 3 月 29 日，澳大利亚正式宣布申请作为意向创始成员国加入亚投行
19	2015 年 3 月 30 日，埃及、芬兰、俄罗斯正式宣布申请作为意向创始成员国加入亚投行
20	2015 年 3 月 30 日，马英九召开"国安会议"，决定申请加入亚投行
21	2015 年 3 月 31 日，挪威宣布希望以意向创始成员国身份加入亚投行
22	2015 年 3 月 31 日，台湾同时向亚投行筹备处与大陆国台办递交意向书
23	2015 年 3 月 31 日，吉尔吉斯斯坦、瑞典、冰岛、葡萄牙、阿塞拜疆正式宣布申请作为意向创始成员国加入亚投行

续表

24	2015 年 3 月 31 日，以色列申请以创始成员国身份加入亚投行
25	2015 年 4 月 1 日，波兰申请以创始成员国身份加入亚投行
26	2015 年 4 月 3 日，伊朗、阿联酋正式成为亚投行意向创始成员国，亚投行意向创始成员国增至 35 个
27	2015 年 4 月 9 日，马耳他、吉尔吉斯斯坦正式成为亚投行意向创始成员国，亚投行意向创始成员国增至 37 个
28	2015 年 4 月 10 日，土耳其正式成为亚投行第 38 个意向创始成员国
29	2015 年 4 月 11 日，西班牙、韩国、奥地利正式成为亚投行意向创始成员国，亚投行意向创始成员国增至 41 个
30	2015 年 4 月 12 日，荷兰、巴西、芬兰、格鲁吉亚、丹麦正式成为亚投行意向创始成员国，亚投行意向创始成员国增至 46 个
31	2015 年 4 月 13 日，澳大利亚正式成为亚投行第 47 个意向创始成员国
32	2015 年 4 月 14 日，埃及、挪威、俄罗斯正式成为亚投行意向创始成员国，亚投行意向创始成员国增至 50 个
33	2015 年 4 月 15 日，瑞典、以色列、南非、阿塞拜疆、冰岛、葡萄牙、波兰正式成为亚投行意向创始成员国，亚投行意向创始成员国增至 57 个

从上表可以看出，亚投行的成员范围不断扩大，已经不限于亚洲，而且既包括亟须获得基础设施建设资金的发展中国家，也包括热衷于海外投资的传统西方发达国家。目前，5 个联合国安理会常任理事国中有 4 个国家、七国集团（G7）中有 4 个国家、28 个欧盟成员中有 14 个国家、二十国集团（G20）成员国中有 14 个国家已成为意向创始成员国（见表 3.2）。

表 3.2　亚投行成员国分类

国别	域　内	域　外	合计
发达国家	文莱、以色列、韩国、卡塔尔、新加坡、阿联酋、新西兰、澳大利亚 共 8 个	奥地利、丹麦、法国、芬兰、德国、冰岛、意大利、卢森堡、荷兰、挪威、波兰、葡萄牙、西班牙、瑞典、瑞士、英国、马耳他 共 17 个	25
发展中国家	阿塞拜疆、孟加拉国、柬埔寨、中国、印度、印尼、伊朗、约旦、哈萨克斯坦、科威特、吉尔吉斯斯坦、老挝、马来西亚、马尔代夫、蒙古国、缅甸、尼泊尔、阿曼、巴基斯坦、菲律宾、沙特阿拉伯、斯里兰卡、塔吉克斯坦、格鲁吉亚、泰国、土耳其、乌兹别克斯坦、越南和俄罗斯 共 29 个	巴西、埃及和南非 共 3 个	32
合计	37	20	57

注：数据根据联合国开发计划署（UNDP）《2010 年人文发展报告》，个别极为富裕的国家依然被列为发展中国家。

2. 国际合作的中国方案

亚投行是中方倡导的、专为亚洲量身打造的基础设施开发银行，是政府间性质的区域多边开发机构，按照多边开发银行的模式和原则运营，重点支持基础设施建设。从中国领导人提出创始倡议，到正式设立，亚投行的诞生可谓神速。这足以表明，建立这家机构非常符合当前亚洲地区绝大部分国家的需要。

据亚洲开发银行估计，2010—2020 年，亚洲需要大约 8 万亿美元资金用于基础设施建设，仅印度尼西亚可能就需要 2300 亿美元。基础设施建设是收益低、周期长的投资，很多国家难以解决融资问题。而由日美主导的亚洲开发银行在基础设施建设方面的投入，根本无法满足亚洲国家的基本需求。同时，当前美国货币政策正在进行切换，造成大量资本回流，这也给亚洲基础设施建设带来负面影响。这种情形下，有着庞大外汇储备以及全球首屈一指基建能力的中国，主动担当推动亚洲基础设施建设融资的责任，无疑将给地区发展带来福音。甚至可以说，亚投行将发挥的作用，不亚于当年美国在欧洲的"马歇尔计划"。马歇尔计划给二战后欧洲经济恢复提供了巨大推动力，而亚投行将为风雨飘摇的世界经济带来亚洲财富发展的巨大潜力。

亚投行是中国提出的、造福于亚洲发展的多边国际金融合作方案。长期以来，亚洲发展处于欧美两大经济体的夹层地带，以出口制造为主要创汇产业。金融危机后，亚洲经济增长速度备受瞩目。但是欧美国际合作程度明显高于亚洲，如何整合亚洲各国发展资源、总体上思考并应对亚洲发展瓶颈，是一项极为重要而艰巨的任务。亚投行，是中国所提出的、具有国际公共产品性质的合作方案，必将为亚洲发展带来巨大红利。①

---

① 涂永红、王家庆：《中国主导提供的全球公共物品：亚投行》，《金融博览》2015 年第 6 期。

目前，亚洲很多国家正处在工业化、城市化的起步或加速阶段，对能源、通信、交通等基础设施投资的需求很大，但供给严重不足，面临建设资金短缺、技术和经验缺乏的困境。因此，加强基础设施建设，完全可以成为今后一个时期亚洲经济新的增长点。亚洲基础设施投资银行这一全新投融资平台的设立，可发挥以下七大积极作用。

一是亚投行可发挥促进亚洲各国加深合作的建设性作用，有利于加强亚洲国家之间的利益纽带，缓解当前亚洲地区特别是东亚地缘政治紧张的压力。对于我国而言，有利于落实"与邻为善、以邻为伴"的周边外交方针，促进东海、南海资源共同开发。二是亚投行可发挥经济金融领域的桥梁纽带作用，有利于加强投融资提供国与投资目的国的政治与经贸联系。我国可与志同道合的国家共同合作，通过财政出资，在亚投行内设立亚洲基础设施互联互通援助基金、中国基础设施技术投资援助基金和中国特别基金等规模、用途不同的各类基金，以便为亚洲基础设施建设的投资主体和项目开发提供融资支持。三是亚投行可发挥多边区域性金融机构的投融资作用，有利于加强亚洲各国基础设施之间的互联互通。亚投行能够破解基础设施建设融资难的问题，为各国企业和相关机构开展基础设施建设提供优惠贷款，降低运营成本，推动亚洲基础设施的互联互通。四是亚投行可发挥促进各国企业对外投资中的带动作用，有利于提高各国企业在全球范围内合理高效配置资源的能力。亚投行能够起到"四两拨千斤"的带动作用，有效促进我国企业开展国际化经营，有助于实现以资本输出带动商品和劳务输出，拓展我国企业的海外市场。以亚投行作为纽带，能够将我国援外资金、各类基金、商业银行和企业连接成一个整体，形成"走出去"联盟。五是亚投行可发挥促进产业转移和升级的连接作用，有助于实现地区内经济发展的平衡性与可持续性问题。目前，我国正处于产业结构调整优化的关键时期，部分行业产能严重过剩。亚投行的设立可帮助我国企业"走出去"，缓解我国相关产业和企业的产能过剩压力，并借此在全球范围内配置各类资源并实现产业结构优化。同时，借助基础设施建设合作，可积极拓展我国在能源、矿产甚至制造业等方面的国际合作领域，促进产业升级。六是亚投行可发挥助推一国货币国际化的作用，特别是有助于扩大人民币跨境结算和货币互换的规模，帮助人民币最终实现国际化。在亚投行的资本构成中，人民币应是重要组成部分，这就便于使用人民币对亚洲基础设施互联互通建设进行贷款和投资，将增大人民币跨境结算的规模，增加离岸人民币的供应，加快培育离岸人民币市场的发展，形成一个以实体经济为后盾支持人民币走出去、又以人民币走出去为杠杆拉动需求的良性循环。七是亚投行可发挥智力密集优势和巨大的集聚辐射作用，有助于培养国际高级金融人才，并形成高端的、有国际影响力的咨询平台。亚投行的运行和发展需要大量的高级金融人才，同时其良好的发展前景会吸引国际高级金融人才的加入，也会集聚一大批我国国内优秀的金融人才。[1]

---

[1]　参见王军：《设立亚洲基础设施投资银行的七个理由》，《中国证券报》2013 年 10 月 9 日。

3. 国际金融发展的必然结果

全球经济治理，需要一整套经济治理的制度设计，二战以后，全球经济治理的主要制度包括关税与贸易总协定（GATT）、国际货币基金组织（IMF）、世界银行（Word Band）等；在货币体系方面，美元与黄金挂钩，构成了一个相对固定的货币体系。与美欧国家相比，中国参与全球经济治理是一个渐进的过程，也是一个学习的过程。1978 年改革开放以后，中国逐步融入到全球经济中，当前，全球经济治理环境已经发生了很大变化，发展中国家面临着机遇，同样也面临着挑战。从历史发展的角度讲，二战后设计的全球经济治理体系，已经明显不能应对当前全球经济发展所出现的新变化。二战后初期，美国、西欧与日本的经济规模占全球经济规模的一半以上，作为维护战后和平与发展的全球经济治理体系，也深刻反映了当时的世界经济结构。至今，美国依然在 WTO 和世界银行掌握着绝对的投票比例，在所有重大事项上拥有一票否决权，并且，WTO 总干事和世界银行行长也长期为美欧国家所垄断。从货币体系的角度看，美元的强势地位，有助于促进国际贸易，带动战后经济复苏，但同样也反映了美国的霸权。20 世纪 70 年代，随着日本和欧洲经济的复苏，美国经济地位相对下降，美元体系逐渐崩溃，国际货币体系重返浮动汇率制。在亚洲，日本长期垄断亚洲开发银行的领导权，亚洲面临巨大的基础设施投资缺口，但亚开行每年仅能提供约 100 亿美元的投资规模，无疑是杯水车薪。[①] 从这

---

① 倪建军：《亚投行与亚行等多边开发银行的竞合关系》，《现代国际关系》2015 年第 5 期。

个意义上说，亚投行在完善现行国际发展融资体系、弥合亚洲国家基础设施融资缺口方面大有可为。事实上，包括亚洲开发银行在内的现行多边发展融资机构的融资领域都比较宽泛，如减贫、社会发展以及改善民生社会环境等，而中国主导下的亚投行主要开展基础设施投融资，二者的互补性是十分明显的。亚投行将提高亚洲经济体在现行国际经济、金融体系中的地位。因此，从亚洲经济全局和长远视角看，"该子一落、全盘皆活"，即中国主导下的亚投行旨在盘活整个亚洲地区的经济、金融发展，最终形成一个真正意义上的"亚洲经济圈"。

二、欧洲与日本背向而行

成员问题中另一个重要问题，就是成员的外部性问题，即区域外国家将如何应对亚投行。这个问题不仅将给亚投行后期的发展带来一定的机遇与挑战，也将界定着亚投行最终的发展规模。在亚投行筹备过程中，最引人注目的就是欧洲的积极加入和日本的消极忽视。

1. "欧洲人的欧洲"

欧洲已经不只是地理概念，更多的是一个政治概念。从世界历史上看，欧洲是工业革命的发源地，也是最早出现资本主义国家的地域，并且最先进入政治文明时代。不幸的是，欧洲选择了"不文明"的文明输出方式，通过在世界各地的殖民活动建立了世界殖民体系。

而欧洲各国之间，也经常爆发战争，及至一战、二战。二战之后，欧洲走向一条特殊的道路，以规避可能再次发生的欧洲大战，这就是欧洲的联合。事实上，欧洲的联合在历史上早有尝试，只是一直没有成功。早期欧洲联合的方式是由战争发起的，比如拿破仑战争和德国发动的二战。二战后，欧洲才意识到，真正可以实现联合的方式是国际合作，通过制度设计，将欧洲发展的福利互惠互享，将战争爆发的因素互相掣肘，这样才可以避免下一次战争，深化国家之间互利合作。因此，欧洲也是一个制度设计最为完善和经验最为丰富的地域。

在欧洲联合的过程中，一个更为重要的问题，就是如何处理与美国的关系问题，欧洲国家在这一问题上所持的基本态度是发出"欧洲的声音"，建设"欧洲人的欧洲"。最为典型的代表是戴高乐时期的法国宣布退出北约。在应对各种国际争端和全球性问题上，欧洲一直非常注重独立自主，而不是"以美首是瞻"。在亚投行的问题上，欧洲再次表现出建设"欧洲人的欧洲"的智慧和勇气。所以从历史发展进程上看，欧洲摆脱美国加入亚投行并不足为奇。

英国作为美国的"铁杆"盟友，素以标榜"英美特殊关系"为荣，成为第一个宣布以创始会员国身份加入亚投行的国家，对美国而言似乎颇具讽刺意味。英国作为美国盟国加入亚投行，是要重整其作为老牌金融强国的地位，巩固伦敦在国际上的金融地位。历史上，英国与亚洲各国关系密切，很多亚洲国家都曾是英国殖民地、半殖民地，实用主义的民族特性决定了英国要赶上东方快车的利益需求。作为曾经的世界霸主、两次世界大战的战胜国、联合国安理会五大常任理事国之一，目前，英国不论是在欧洲地区还是在世界范围内都处于比较尴尬的位置。一方面，在国际上，由于总是与美国保持高度一致，英国往往被视为美国的跟班，其国际地位与国际影响力大为下降。另一方面，在欧洲，英国的地位同样正在被边缘化。在两德统一之后，欧洲的格局已经悄然发生变化，德国逐步成为欧洲的重心，尤其是在近几年，德国逐步消化了东德之后，这种格局的变化尤为明显。由于英国一直对欧洲一体化进程与欧元区建设心存芥蒂，其在欧洲的地位逐步受到削弱。世界各大国普遍将与德国的关系视为对欧关系的关键。英国最重要的盟友美国，现在也更倾向于将德国作为欧洲事务的重心，在对俄罗斯实施制裁的过程中，奥巴马政府更加看重的是德国的立场而非英国。在这种情况下，英国就必须做出两方面的动作来巩固其地位。一方面，它要适当与美国拉开距离，在一些问题上彰显自己的大国地位，有时也通过与美国分任"白脸"与"红脸"的方式来凸显自己的独立性。另一方面，它要抢占中欧关系链条上的有利地位，避免被德国进一步边缘化。在这种情况下，成为第一个进入亚投行的西方大国就非常必要。通过获得"亚投行创始国"的身份，来大大拉近英国与亚洲国家的距离并提升其国际影响力。值得指出的是，英国对于东南亚地区和印度仍然具有比较大的影响力，而"一带一路"也涵盖这些地区。如果英国不加入亚投行，那么它很可能将面临与以亚投行为代表的"一带一路"建设集团、机构的竞争，而竞争的结果很可能是英国的影响力进一步衰落。如果加入进来，英国则可以借助亚投行的运作巩固其在东南亚与南亚地区的影响力。并且由于其在金融运作与港口建设等方面的优势，它甚至可以获得相当大的话语权。在这种情况下，在国际事务方面颇为老练的英国人自然而然地选择了主动与中国合作。[1]

英国加入亚投行，对于中英两国利益以及亚投行的顺利发展都有重要意义。一方面，英国的加入使亚投行具有更强的代表性和多元性。2014年10月24日亚投行宣布成立时，第一批意向成员国中，相当数量是有巨大贷款需求的发展中国家，这使得一些国家对于亚投行的金融运作能力产生了疑虑。英国的加入让亚投行的多元性更充分地体现了出来，可以大大提高亚投行的国际形象与信任度，并带动其他西方发达国家加入亚投行。除此之外，英国作为老牌资本主义大国，其国内的金融业、银行业长期处于世界顶尖水平，具有丰富的金融经验。英国的加入对于亚投行提升管理水平、完善规则制定、强化金融运作能力都具有极为重要的助益，而这些方面恰恰也是亚投行在目前受到批评和质疑的主要领域。

另一方面，加入亚投行对英国来说意义重大。金融业和银行业是英国的支柱产业，加入亚投行有利于英国巩固老牌国际金融中心地位，促进英国与亚洲国家间的资本流动。更为重要的是，加入亚投行可以进一步密切英国与中国的经济合作，从而让英国可以加入"一带一路"建设，分享中国拉动亚洲经济发展所带来的红利。英国越来越清楚一个事实，那就是由于欧洲经济的长期停滞，英国的经济复兴越来越离不开与中国的利益捆绑，也正因如此，中英两国的经济金融合作正变得越来越密切。2014年10月，英国成为第一个发行人民币主权债券的西方国家。随着人民币在全球经济中扮演更重要的角色，英

---

① 《欧洲大国为何争相加入亚投行》，《21世纪经济报道》2015年4月6日。

国一直热衷于把伦敦金融城打造成人民币的海外业务平台，让伦敦成为人民币在欧洲的重要离岸中心。除此之外，英国在高新技术制造业、港口建设、能源建设上的优势正好与中国的制造业转型和"一带一路"倡议的大量基础设施建设需要相吻合。这不仅能为英国带来大量的就业，也是英国重振经济的重大机遇。所以，英国政府才会不顾美国的阻挠，成为率先加入亚投行的西方大国。

此外，制造业强国德国对亚洲特别是亚洲新兴经济体的出口已远超美国，对华投资更是处于快速上升阶段。德国加入亚投行，有助于该国增加在亚太地区话语权，并为本国产品和服务找到出口市场。长期以来，中德、中欧关系受制于美国与欧洲牢固的跨大西洋关系，被传统的价值观外交束缚了手脚。而今，这一局面正随着中德两国各自奉行的积极外交政策被逐渐扭转。2014 年中国国家主席习近平访德期间，双方建立了全方位战略伙伴关系。德国知名智库科学与政治基金会（SWP）在 2014 年一份报告中指出，中国规划的丝绸之路经济带致力于跨区域合作，直接触及欧洲的切身利益。① 事实上，德国是第一个声明支持中国"一带一路"战略的欧洲国家。2014 年 10 月，中德双方发布的《中德合作行动纲要：共塑创新》中，就约定两国加强铁道交通合作，支持有利于中欧国际贸易走廊建设的倡议，挖掘中欧国际货运班列潜力，建设丝绸之路经济带。中德关系所达到的密切程度，已经不容许德国忽视中国所提出的亚投行倡议，而且，德国也一向对新的国际秩序抱有巨大的激情。通过加入亚投行，德国可以更

---

① 伍惠萍：《德国加入亚投行背后的战略考量》，http://www.yicai.com/news/2015/04/4606906.html。

大程度地扩展海外投资市场，获得巨大的利益回报，更重要的是，可以在未来的国际秩序更新中占有一席之地。[1] 作为老牌的资本主义大国、强国，他们积极加入亚投行，不仅是看到了亚投行将带来的投资回报，更是因为其渴望独立地发出"欧洲的声音"及其与生俱来的对国际秩序变革的敏感和热情。[2]

2. 日本孤芳自赏

同样作为美国的盟友，在欧洲拥抱亚投行之际，日本却一直对亚投行颇有微词，最终选择不加入亚投行。日本作为域内国家，这似乎让人颇难理解。在是否加入亚投行的问题上，日本纠结的理由比较多，[3] 始终不能以正常的理性心态看待该问题，实质原因主要有三个。

第一，忧虑亚太地区金融主导权为中方所主导。目前，亚太地区的主要金融机构是亚开行，这是日本和美国主导的金融机构。如在融资比例上，日本占据 15% 的比例，美国也占 14.8%，中国只有 6.4%。日本一直是亚开行最大的出资国，其行长历来也由日本人把持。由于日美两国拒绝增加他国融资比例，这显然使中国难以扩大自己在亚开行的话语权。目前，中国已经是世界第二大经济体，但在国际金融舞台上的话语权仍然较弱。中国希望谋求与其经济力量相匹配的角色，以担负起更多的国际责任与义务。但是，日本却认为，亚投行的出现

---

①　参见储殷、高远：《加入亚投行：英国为何要抢先》，《世界态势》2015 年第 7 期。

②　参见李罡：《欧洲主要国家何以加入亚投行?》，《社会观察》2015 年第 4 期。

③　参见毕世鸿：《日本：加不加入亚投行都纠结》，《世界态势》2015 年第 8 期。

不仅会打破美日垄断亚开行的局面，而且也会打击其在亚太地区的主导地位，从而削弱日本在亚太金融资本市场的影响力。对于长期是亚太地区经济领袖（除美国外）的日本而言，这是其最不愿意看到的。

第二，担心冲击日本"自由与繁荣之弧"的价值观外交。安倍晋三两次入主首相官邸，都极力推行其所谓的价值观外交，以配合美国对中国形成牵制和战略包围的策略。然而，随着中国国际影响力的不断增强，日本明显感觉到力不从心。如 2013 年安倍政权曾宣布要向东盟提供约 240 亿美元的资金援助，但中国对印度尼西亚的经济援助与合作资金已经达到 230 亿美元。因此，当中国表态将全力推进亚投行的筹建之后，日本认为这样下去将会导致许多亚开行成员国倒向亚投行的怀抱，从而对其长期推行的价值观外交形成直接冲击。为了巩固所谓价值观外交的既有"成果"，安倍政权也随之加码，提出要拿出 1100 亿美元推进亚洲基础设施建设的计划。

第三，巩固美国既有战略同盟的需要。安倍政权再执政以来，极力强化与美国的同盟关系，在政治与军事领域全方位倒向美国，经济及金融领域加入美国主导的跨太平洋伙伴关系协议（TPP），借美国之力巩固其在亚太地区经济及金融的主导地位。自亚投行倡议及筹建工作之始，美国就对此持反对意见，认为这将直接打破美国在国际金融体系中的霸主地位，从而使其在全球经济、金融话语权逐渐流失。因此，美国极力拉拢日本，安倍也心领神会，以亚投行运营制度不透明为由拒绝。在英、法、德、意等欧洲国家相继加入之后，安倍仍明确其反对意见，并宣称"美国应该了解日本是可信赖的国家"。在德国召开的七国集团首脑会议上，安倍更是极力将主题牵扯到中国身上，试图显示出其与美国保持战略同盟一致的密切关系。[①]

日本最终拒绝加入亚投行，除比较现实的利益考量外，还有其更深层次的历史原因。因为在日本国内也有学者批评安倍政权，指出应该积极加入亚投行。[②]自近代以来，日本通过明治维新走向强国之路，全面模仿和学习西方的政治制度、经济体制和社会文化，走向了全面西化的道路。日本战败后，又被美国全面占领，施行了和平宪法，走向了"脱亚入欧"的道路。因此在亚洲，日本始终保持一种比较尴尬的角色，缺乏对亚洲的认同；同时，亚洲各国，尤其是东亚、东南亚各国因深受日本的侵略之痛，对日本也缺乏亚洲国家的认同感；加之日本在战后始终不能够正确地反省历史、面向未来，最终导致日本在亚投行问题上选择了错误的方向。自明治维新以来，日本始终认为自己是亚洲的强国，应该决定或至少是影响亚洲发展的命运。因此，日本难以"拉下颜面"加入一个由中国主导的亚洲区域国际合作机制。更何况近年来，中日关系处于冷冻期。因此，在亚洲合作机制上，由东南亚主导东盟与其他国家的合作机制而不是中国或者日本主导，以及中日韩自贸区谈判迟迟难以达成只能首先达成中韩谈判等等，都是源于日本的尴尬角色。这也可以成为解释日本最终选择不加入亚投行、转而进一步支持亚开行发展的一个重要因素。

然而，这种错误决定所带来的一个很明显的后果是，日本将更加远离亚洲，亚开行也不足以施展日本所具有的亚洲抱负。一方面，亚投行是国际金融发展的必然结果，是中国提出的适应时代潮流的国际

---

① 王海滨：《拒绝亚投行昭示日本零和思维》，《社会观察》2015 年第 7 期。
② 《日本前政要和学者呼吁日本尽早加入亚投行》，中国经济网，2015 年 4 月 16 日。

公共品。日本忽视亚投行、固守亚开行的做法将进一步加深日本的外交孤立；另一方面，亚开行难以满足亚洲巨大的基础设施建设缺口，日本支持亚开行扩大对外基建投资的方式将步履维艰。

3. 成员问题对亚投行发展的影响

亚投行的成员问题自始至终都备受世界瞩目，因为成员问题是一项国际制度设计的基本问题，关系到该国际制度设计的规模和前景。目前来看，亚投行成员国将包括域内外共 57 国，并且不关闭继续吸收新成员的大门。亚投行的成员国众多，将给其带来正反两方面的影响。

从积极的方面看，亚投行的成员国众多，有三个积极影响。一是可以在更大范围内调动资源，取长补短，形成资源的优化配置。比如，亚投行内部有基础设施建设需求较大的发展中国家，也有资本较为雄厚的对外投资国；既有基础设施建设落后的国家，也有基础设施建设技术处于世界领先水平的国家。这样将更好地优化亚投行成员国资本输出和基建投资，形成集聚效应，惠及多边。二是将促使亚投行尽快走向成熟的制度设计道路，建立完善的管理机制和业务机制。亚投行内部的部分发达国家，尤其是欧盟成员国，具有丰富的国际制度设计经验和国际开发银行的运作经验，这将有利于亚投行进一步完善其制度设计，学习并尽快熟练掌握基础设施及其他开发性行业的投资业务。众多发达国家的存在，也有利于其尽快获得较高的国际信用评级，成为世界重要的多边国际金融开发机构。三是诸多西方国家的参与，将弱化中国主导亚投行的阴影，缓解美日对于中国和平发展的战略疑虑。美日拒绝加入亚投行的一个重要原因，就是担心中国操控亚投行成为与美日所主导的国际制度相抗衡的政策工具，成为实现中国国家利益的外交手段。而西方发达国家的加入，可以规避这一口实，将亚投行建设成为发展中国家提出的、与发达国家合作互利的、由亚洲国家提出并主导的、域外国家共同参与的国际合作制度。

另一方面，亚投行的众多成员也为其发展带来了一些挑战。首先，众多参与国将考验国际合作的智慧和力度。众所周知，不同国家有不同的利益诉求，当参与国越多时，其国际诉求也越多。不同参与国都会对亚投行抱有不同的期望值，如何整合不同国家的诉求，达成一致的发展意见，甚至是设计大部分国家都可以接受的决策机制和管理框架，显得极为重要。[①] 其次，参与国之间不同的发展阶段和发展模式将考验亚投行的业务运营。亚投行内部将既存在贷款国、也存在借款国，一般而言，这将影响业投行的国际信用评级。而且，不同国家的发展阶段不同，这就要求亚投行在投资基础设施建设时，要考虑因地制宜，在保证质量的前提下选择合适的规模，考虑投资国的具体国情，而不是一概而论。最后，个别国家之间存在的领土争端和历史恩怨将考验国际合作的诚意和深度。比如，中国与东南亚的几个国家之间还存在尚未解决的领土领海争端，这经常会导致国际合作难以有效开展；国际政治因素也经常导致国家之间出现对峙的情况，比如近

---

① 《各取所需：52 个亚投行小伙伴的入行逻辑》，《21 世纪经济报道》2015 年 4 月 2 日。

期的俄罗斯和欧洲大国。[①]

三、美国不参与，但国内反应复杂

1. 美国官方在亚投行问题上的立场

即使不是"反对"，美国对于是否加入亚投行的态度至少可以被定义为"持有保留态度"。路透社的消息显示，首批 21 个亚洲的创始会员国于 2014 年 10 月 24 日签约加入亚投行，而美国一直在游说澳大利亚、韩国、印尼等亚太盟友及伙伴不加入亚投行，美国国务卿克里就亚投行"治理标准和透明度是否符合国际标准"公开质疑[②]。来自韩国媒体的消息显示，"克里曾在联合国大会召开期间，在纽约对韩国外长尹炳世说，不要急于加入中国领导的银行"[③]。《纽约时报》网站 2014 年 10 月 24 日也报道[④]，"美国一直反对澳大利亚、韩国等盟友参

---

① Geoff Raby：" China's AIIB Bank: Part of a Much Bigger Master Plan"，http://nationalinterest.org/blog/the-buzz/chinas-aiib-bank-part-much-bigger-master-plan-12748.

② Reuters, Three major nations absent as China launches World Bank rival in Asia, Nov. 5th, 2014，http://www.reuters.com/article/2014/11/05/us-china-aiib-idUSKCN0I-D08U20141105.

③ 《韩媒爆料：美国国务卿克里曾阻挠盟国加入亚投行》，参考消息网，2014 年 10 月 29 日，http://china.cankaoxiaoxi.com/2014/1029/544715.shtml。

④ 《韩媒爆料：美国国务卿克里曾阻挠盟国加入亚投行》，参考消息网，2014 年 10 月 29 日，http://china.cankaoxiaoxi.com/2014/1029/544715.shtml。

与该计划"，"日本、澳大利亚、韩国和印尼没有出席在北京举行的签约仪式"。

　　然而，2015 年 3 月英国加入亚投行的决定显然将美国的立场置于尴尬的境地，美国表达了强烈的不满和担忧。白宫国家安全委员会在一封公开声明①中表达了对英国的不满，"这是英国的主权决定。我们希望并期待，英国将用自己的声音来推动亚投行采用高标准"，"我们对亚投行的立场是明确而一贯的。美国和全国主要经济体都认为，加强全球基础设施投资必要而迫切。我们认为任何新的多边机构都应该采取世界银行和其他区域发展银行所采取的高标准"，"我们对亚投行是否能满足这些高标准感到担忧，特别是涉及治理、环境和社会保障等问题。国际社会对亚投行成为现有体系结构的补充，以及与世界银行和亚洲开发银行开展合作表示关切"。更直言不讳的是，美国担心的是英国的这一做法代表了对中国的一种"接纳"态度，"而这并不是接触崛起国家的正确方法"。

　　此后，美国领导人试图澄清，美国并没有反对其他国家加入亚投行，并强调美国的重要关切在于亚投行的运行应该遵循国际规则和"最佳实践"。2014 年 4 月底日本首相安倍晋三访问美国期间，奥巴马总统澄清，美国没有反对其他国家加入亚投行，并期待与亚投

---

① Nicholas Watt, Paul Lewis and Tania Branigan, US anger at Britain joining Chinese-led investment bank AIIB, The Guardian, Friday 13 March 2015，http://www.the-guardian.com/us-news/2015/mar/13/white-house-pointedly-asks-uk-to-use-its-voice-as-part-of-chinese-led-bank.

行进行合作。他在联合新闻发布会上表示①，有关美国反对其他国家加入亚投行的媒体报道是"不实"的，美国对这些国家所表达的观点是，新的多边开发机构的运营应该遵循一些原则。美国的立场是，"美国希望亚投行能够吸取二战后多边开发机构运作的经验教训，按照'最佳实践'运营；如果亚投行成立后拥有一些保障政策，保障投资更好的基础设施并让借款国家受益，我们都会支持亚投行。美国期待与亚投行进行合作，就像美国与世界银行和亚洲开发银行在很多事情上合作一样"。同时，美国国务卿于 2015 年 5 月中旬访问中国期间也试图向中国澄清这一立场，在接受凤凰卫视的采访时他表示，"在这个问题上存在很大误读。美国从来没有反对过亚投行，世界需要基础设施，我们认为中国愿意站出来做此主导非常好，我们希望亚投行和其他的一些努力可以透明、可信，遵守世界金融准则。"②

事实上，美国政府内部对是否加入亚投行也存在分歧。前美国国家安全委员会亚洲事务高级顾问麦艾文于 2015 年 6 月辞职，据称他的辞职可能和美国对亚投行问题的处理有关，"美国的抵制策略宣告失败，白宫负有重要责任，必须有人为此负责"③。由此可以推测，白宫一直对加入亚投行持强硬的反对态度。美国财政部的态度相对温和，正如财政部长雅各布·卢（Jack Lew）于 3 月 19 日在众议院金

---

① 《奥巴马称美国没有反对其他国家加入亚投行》，新华网，2015 年 4 月 29 日，http://news.xinhuanet.com/world/2015-04/29/c_1115129043.htm。

② 《克里接受凤凰专访：欢迎中国成为世界第一大经济体》，凤凰网，2015 年 5 月 17 日，http://news.ifeng.com/a/20150517/43775195_0.shtml。

③ 《白宫"知华顾问"离职或影响中美关系?》，《环球时报》2015 年 6 月 8 日。

融服务委员会听证会上的表态，"美国和我们在世界各地的合作伙伴，包括中国，对于亚投行补充现有相关机构及在治理、保护环境及社会保障上采取高标准等问题表示关切……我们一些伙伴选择加入亚投行，并在其中鼓励亚投行采取高的治理标准，另一些伙伴选择不这么做。对于美国，我们将继续与中国直接接触，并与我们的其他国际合作伙伴进行协调，以在亚投行如何能够执行采取和实施最高标准上能够提供具体的建议"。[①]

几天之后的 3 月 31 日，雅各布·卢在另一场活动上的表态更进一步。他肯定了中国在减除贫困和国际发展领域的巨大作用，"中国在国际发展领域的作用随着其经济增长进一步增强……作为一个充满活力、不断发展的经济体，中国已使数百万本国公民摆脱贫困。从绝对意义上来讲，中国现在已经成为一个贡献者，以更广泛的国际努力减轻其他地区的贫困，这也是这个世界上最大的发展中国家所承担的新角色"。[②] 同时，他对几天前在北京的工作访问作出了积极评价，"我们已经明确地向中国表示，美国已经准备好迎接新增加的国际发展机构，包括亚洲基础设施投资银行在内，前提是这些机构补充现有的国际金融机构，同时履行他们同国际社会的坚定承诺，采取真

---

① Alexia Latortue, Secretary Lew's Hearing on the International Financial System, US Department of Treasury, March 19 2015, http://www.treasury.gov/connect/blog/Pages/Secretary-Lew% E2% 80% 99s-Hearing-on-the-International-Financial-System.aspx.

② Remarks of Secretary Lew at the Asia Society Northern California on the International Economic Architecture and the Importance of Aiming High, US Department of Treasury, March 31 2015, http://www.treasury.gov/press-center/press-releases/Pages/jl10014.aspx.

正的多边决策和不断提高贷款标准和保障措施。这些标准和保障措施旨在通过遏制腐败，防止对环境的破坏，保护劳动者和受影响的社区，以促进可持续发展……我感到鼓舞的，中国领导人明确表示，他们希望能够满足高标准，并且欢迎合作"。更为重要的是，他提出了亚投行与现有的国际发展机构可以通过共同融资开展合作，即"亚投行与现有的国际发展机构在共同融资上开展合作有助于展现对于治理、环境和社会保障以及债务可持续性等领域采取最高标准的承诺"。

2015 年 7 月初，美国发起并主导的世界银行公开表态，对亚投行表示欢迎，并期待开展合作。世界银行行长金墉在北京访问期间表示，"我们欢迎任何新的组织，任何国家，包括金砖国家开发银行和亚投行。基础设施需要的新的投资是巨大的，一旦这些新的银行成为现实，我们相信能够与它们很好地开展合作"①，"我们对亚洲基础设施投资银行的建立表示欢迎，对中国在组建过程中的领导作用表示赞赏。目前新兴和低收入国家每年基础设施投资需求估计在 1 万亿到 1.5 万亿美元，即便将所有的多边机构资源全部汇集起来仍难以满足，所以需要新的投资者加入，亚投行将是我们重要的新伙伴……有了强有力的环境、人力和采购标准，亚投行将和我们及其他开发银行

---

① Transcript of Press Conference with World Bank Group President Jim Yong Kim and IFC EVP and CEO Jin-Yong Cai in Beijing, The World Bank Group, July 8, 2014, http://www.worldbank.org/en/news/speech/2014/07/08/press-conference-world-bank-group-president-jim-yong-kim-ifc-ceo-jin-yong-cai-beijing 及《世行行长：亚投行是重要伙伴 10 月开会探讨联合投资项目》，新华网，2015 年 7 月 17 日，http://news.xinhuanet.com/world/2015-07/17/c_1115962148.htm。

一起满足巨大的基础设施需求，这对于消除贫困、减少不平等和促进共享繁荣至关重要"。同时他也表示，亚投行和世行的合作将迈入实质性的工作层面，"将于今年 10 月与亚投行在美国华盛顿探讨联合投资项目"。

在 2015 年 9 月习近平主席对美国进行的首次国事访问中，中美在国际金融体系方面的合作及亚投行显然成为重要的议题。

根据外媒消息，美国官员宣布，中美在亚投行方面结束分歧、达成共识：中方承诺妥善处理美方关切问题，并确保对世行及其他与亚投行存在竞争关系的地区机构"显著增资"，美方则表示认识到亚投行治理标准在持续演进和改进。[1]

根据中方发表的成果清单[2]，中美双方肯定现有国际金融体系的重要正面贡献，同时认为中美应以包容、开放、合作的姿态，对国际金融体系、国际金融机构的改革达成顶层共识，并明确双方将加强在多边发展银行即第三方国家的融资合作，即：中美双方确认在促进强劲和开放的全球经济、包容性增长和可持续发展，以及稳定的国际金融体系方面拥有共同利益，上述目标的实现由第二次世界大战后成立的多边经济机构所支撑，这些机构使两国人民受益。中美双方确认并重视国际金融机构自建立以来对促进全球增长、提高收入、减少贫困和维护金融稳定所作的重大贡献。以规则为基础的

---

① 《外媒：白宫宣布中美就亚投行问题达成共识》，环球网，2015 年 9 月 28 日，http://world.huanqiu.com/article/2015-09/7656568.html。

② 《习近平主席对美国进行国事访问中方成果清单》，中国外交部网站，2015 年 9 月 26 日，http://www.mfa.gov.cn/mfa_chn/zyxw_602251/t1300767.shtml。

国际经济体系在过去 35 年中助推中国实现了前所未有的经济增长，使亿万人民摆脱了贫困……中方在维护、进一步加强并推动国际金融机构现代化方面有重大利益，美方欢迎中方不断增加对亚洲及域外地区发展事业和基础设施的融资支持。国际金融框架正不断演进，以应对在规模、范围和多样性方面都在发生变化的挑战，并将包括高标准和良好治理作为其核心原则的新机构。双方承诺支持这一国际框架，并欢迎二十国集团（G20）在全球经济治理中发挥更大作用，确保国际经济体系具有包容性、韧性且不断得到完善，以应对当前和未来的挑战。鉴于中国在全球经济事务中的参与度和参与能力不断增加，美方欢迎中方在国际金融框架和拓展的双边合作中发挥更加积极的作用并承担相应的责任，以应对全球经济挑战。具体而言：

一是中美双方承诺强化多边开发融资体系并使其现代化。双方决心通过提高其资金能力、改革其治理和提升其有效性和效率，继续强化世界银行、亚洲开发银行、非洲发展银行、泛美开发银行。与发展阶段相适应，中方不仅将作为股东国和借款国，还有意愿有意义地在所有上述机构中提升作为捐款国的作用。双方认识到新机构以及未来将成立的机构，要成为国际金融框架的重要贡献者，这些机构将像现有国际金融机构一样，与专业性、透明度、高效率和有效性的原则以及现有环境和治理高标准相一致，进行恰当的设计和运营，同时认识到上述标准是在持续演进和改进的。

二是中美双方再次确认，通过对多边开发银行下设的国际开发协会、亚洲开发基金和非洲发展基金的强有力的捐款以满足最贫困国家的需求，是十分重要的。中方将按照其自身能力有意义地增加其对多边开发银行软贷款窗口的捐资。双方承诺多边开发银行应继续探索增强其贷款能力的选择，包括通过使用现有资源，并定期审议其资本金以评估是否需要增资。双方承诺继续在优化多边开发银行资产负债表方面作出努力。双方承诺就世界银行的股权分配改革路线图进行合作，包括股权分配公式的设计和在 2017 年审议世界银行的资本需求。同时，双方认识到中等收入国家在减贫方面依旧面临挑战，并且多边开发银行在应对上述特定需求方面发挥重要作用。

三是中美双方承诺在国际货币基金组织（IMF）机制下加强合作，并继续完善 IMF 的份额和治理结构。美方承诺尽快落实 2010 年 IMF 份额和治理改革方案，并再次确认份额的分配应继续向具有活力的新兴市场和发展中国家转移，以更好地反映 IMF 成员国在世界经济中的相对权重。双方认可 IMF 执董会为寻求过渡方案所作的努力，过渡方案旨在使份额比例尽可能地趋近于第 14 次份额总审查确定的水平。但是，过渡方案不能构成或被视为代替 2010 年改革方案。双方支持 IMF 执董会在推动第 15 次份额总审查方面所做的工作，包括以第 14 次份额总检查为基础制定一个新的份额公式。

四是中美双方承诺在尊重受援国所有权的前提下，通过多边开发银行在第三国开展发展融资合作。

五是美方欢迎中方承诺年底之前根据 IMF 特殊数据发布标准（SDDS）披露经济数据，也欢迎中方在提高透明度方面所作的持续努力。中方认识到，满足其他主要储备货币透明度标准对成功实施人民币国际化具有重要意义。美方支持中方关于进一步推动金融改革和资本市场改革的承诺，相应地，美国重申在人民币符合 IMF 现有标准的前提下支持人民币在特别提款权（SDR）审查中纳入 SDR 篮子。双方承诺尊重 IMF 在 SDR 审查中的程序和流程，并将在人民币加入 SDR 事宜上加强沟通。

2. 美国政策界、舆论界对亚投行问题的讨论和反思

政策界、舆论界对于美国政府在亚投行问题上的行为进行了激烈的讨论和反思，反对美国加入亚投行的一方和支持美国加入亚投行的一方各执己见。

反对美国加入亚投行的主要观点认为：

第一，近年来发达国家和新兴经济体围绕 IMF 改革的实质是要削弱美国在国际金融机构中的权力和地位，中国创设亚投行实质是要在全球金融体系中谋求更大权力，加入亚投行与否实质是中美在全球金融体系和机构上的权力之争，简言之亚投行威胁了美国主导的国际金融体系。正如前美国财政部负责国际事务的助理部长埃德温·杜鲁门今年早些时候在给彼得森国际经济研究所的一份政策简报中写道："在国际机构中，美国享有的尊重受到了破坏，美国的政策影响力已经衰落。IMF 的合法性和有效性受到了削弱。但这是华盛顿通过它的无所作为而选择的结果。"[1] 中国似乎已经对遭受边缘化和等待美国国会采取行动感到厌倦，中国在 IMF 发言权还不如英国、法国、德国

---

[1] 《美国新闻与世界报道》周刊网站。

和日本等经济体。通过亚投行，中国不仅会获得更多影响力，而且会通过这种影响力获取更多权力。

第二，美欧的阻挠导致 IMF 份额改革等核心问题迟滞不前，新兴经济体倡导的包括亚投行、金砖银行在内的新兴多边金融架构是对美欧主导的现有国际金融机构（包括世界银行、国际货币基金组织、亚洲开发银行等）的削弱和挑战。促成一个平行的非西方经济架构的崛起，美国和欧盟难逃其责。金砖国家不满的是，美国和欧洲剥夺了它们在这些机构发挥与其较大全球经济实力相称的领导作用。美国国会阻挠国际货币基金组织 2010 年提出的份额改革，金砖国家合起来在全球经济活动中占到的比例超过了 20%，但在国际货币基金组织中控制的投票权只有 11%。如果增加对各国国际储备和经济规模在世界经济中所占比例的考量，那么金砖国家的投票份额将会大大增加。这样的改革是欧洲和美国无法接受的，因为会削弱欧洲的地位，同时使美国失去它的否决权，因此这一改革无望获得成功。①

第三，英国、澳大利亚等美国传统盟国加入亚投行表明，美国传统的盟友已经被中国的经济实力所吸引，两者的利益已经出现差距。在这场中美亚洲影响力竞争中，美国必须加强自身的主动性，相关政策手段包括与日本加强协作推进跨太平洋战略经济伙伴协定谈判。哈佛大学法学院学者肖恩·米尔斯基认为，亚投行是美中争夺控制亚洲

---

① Cynthia Roberts, Are the BRICS Building a Non-Western Concert of Powers?July 8, 2015, The National Interest, http://nationalinterest.org/feature/are-the-brics-building-non-western-concert-powers-13280.

主流制度秩序的最新焦点。中国在这场竞争中完胜，而美国无力捍卫现有制度秩序。美国与英国在东亚地区的利益出现巨大差异，英国加入证明，在管控中国崛起的问题上，美国政府不能总是依赖其欧洲盟友[①]。《金融时报》外交政策总评论员吉迪恩·拉赫曼尖锐地指出，在争夺亚洲影响力的过程中，中国的王牌就是其日益增强的经济实力，美国的王牌则是军事实力和安全条约网络，夹在中间的国家面临两难窘境：日本、澳大利亚、菲律宾与韩国都和美国签订了安全条约，但其中每一个国家现在的对华贸易规模都远远大于对美贸易。中国有望看到自己的经济实力逐步转变为越来越强大的政治和外交影响力，甚至影响到美国的亲密盟友。因此，亚投行一事只会刺激美国和日本加紧结束跨太平洋战略经济伙伴协定谈判，日本很可能成为最后一个坚持反对亚投行的亚洲大国。[②]

第四，一种过于耸人听闻的观点认为，中国提出的陆上及海上丝绸之路倡议及发起亚投行会面临很多障碍，可能造成新一轮东西方对于欧亚大陆的争夺，严重的甚至引发"新的冷战"。中国和世界很多国家正专注于发展有史以来最大的经济发展项目，其推进可能对整个世界经济产生连锁反应，有可能给商业、工业、发现、思想、发明和文化带来新复兴。然而这样大规模的复杂的项目很可能遭遇失败，也肯定会面临西方地缘政治方面的许多障碍，关于该项目的

① China's new bank wins over US allies, The National Interest, March 30, 2015, http://nationalinterest.org/feature/checkmate-chinas-new-bank-wins-over-us-allies-12506.

② Gideon Rachman, China's money magnet pulls US allies: Diplomatic debacle over AIIB will make America look isolated and petulant, Mar 16, 2015, http://www.ft.com/intl/comment/columnists/gideonrachman.

地缘政治冲突可能使东西方之间为争夺欧亚大陆主导权而发生一场新的冷战。[1]

第五，美国不必担心亚投行，中国与美国相比，无论是在经济实力上、还是地区经济事务领导权上，都有很大差距。美国企业研究所亚洲研究部主任卜大年认为，美国盟友加入亚投行似乎给人感觉，中国正在成为亚洲的经济领袖，然而如果华盛顿通过跨太平洋战略经济伙伴协定（TPP），这种感觉就会不复存在。事实是，中国没有能力领导亚洲，随着债务攀升、劳动力减少以及自然资源根基遭到掠夺，中国经济正陷于停滞。同时，美国处于继续保持其在亚洲领导地位的牢固位置，中国没有赶上美国，两者差距在不断扩大。华盛顿最重要的政策工具就是 TPP，这一倡议将打开诸如越南等经济体的大门，越南会逼迫印尼等国采取同样做法，进而可能开启新一代"亚洲虎"。[2]

同时，渲染中国在亚投行上的威胁有利于奥巴马政府进一步推动其对外经济事务议程。塔夫茨大学国际政治学教授丹尼尔·德雷兹纳认为，奥巴马政府借助跨太平洋战略经济伙伴协定和跨大西洋贸易和投资伙伴关系协定确立了对外经济政策议程，渲染亚投行等"中国问题"可以刺激国会批准贸易促进授权。[3]

第六，从结果来看，亚投行促使美国战略界重新思考对华政策。

---

[1] Robert Berke, New Silk Road Could Change Global Economics Forever, Times Magazine, May 23, 2015, http://time.com/3893977/new-silk-road-global-economics/.

[2] 美国《纽约时报》网站 4 月 7 日发表关于亚投行的一组专题辩论文章。

[3] Daniel W. Drezner, Why Larry Summers needs to lighten up a little, The Washington Post, April 20, 2015, https://www.washingtonpost.com/posteverything/wp/2015/04/20/why-larry-summers-needs-to-lighten-up-a-little/.

大西洋理事会布伦特·斯考克罗夫特国际安全问题研究中心资深研究员罗伯特·曼宁认为，亚投行的成立导致美国的"中国共识"瓦解，战略界开始重新思考对华政策的基本假设。亚洲基础设施投资银行（亚投行）的成立，直接暴露了"随着中国融入全球化经济和政治体系，北京意识到在美国领导下的国际体系中成为'负责任的利益攸关方'最符合自身利益"这种观点的缺陷。除了亚投行，中国还要成立一系列平行的经济、政治和安全机构，这是一种对美国对冲战略。事情并没有向着美国预期的方向发展，政策圈内的很多人开始寻找新的对华战略。[①]

批评美国反对加入亚投行的主要观点认为：

第一，从结果来看，美国政府反对亚投行是一个战略和外交上的错误。世界银行前行长和美国贸易代表罗伯特·佐利克认为，奥巴马政府对中国提议设立的亚洲基础设施投资银行（AIIB）作出了消极反应，这是一种战略错误。尽管中国的一些举动或许会造成动荡，但这是一个"广受欢迎并可能继续推进的事业"，美国在反对时应该谨慎，这个动议本应受到美国的欢迎。[②] 彼得森国际经济研究所名誉所长弗雷德·伯格斯滕认为，美国和日本共同反对亚投行是一个重大失误，

---

① Robert Manning, America's "China Consensus" Implodes, The National Interest, May 21, 2015, http://cn.bing.com/search?q=national+interest+robert+manning+china+concensus&go=% E6% 8F% 90% E4% BA% A4% E6% 9F% A5% E8% AF% A2&qs=ds&form=QBRE.

② Robert Zoellick, Shunning Beijing's infrastructure bank was a mistake for the US, The Financial Times, June 7, 2015, http://www.ft.com/intl/cms/s/0/c870c090-0a0c-11e5-a6a8-00144feabdc0.html.

亚洲在基础设施建设领域的巨大需求是现有国际机构所无法满足的，多年来美国一直敦促中国在亚洲和世界经济中发挥更大作用，但当中国真的这样做了美国却又开始反对，这实在毫无逻辑。美国前国务卿玛德琳·萨默斯·奥尔布赖特也批评美国政府的做法①，在应对亚投行的问题上美国显然"搞砸了"，美国本来不应该那么做，这使得中国和其他国家都感到非常失望。②

第二，亚投行致力于对亚洲基础设施建设进行融资，这符合美国、亚洲和全球经济发展的利益。世界银行前行长和美国贸易代表罗伯特·佐利克认为，亚投行目标在于亚洲发展基础设施，应该得到肯定，也为美国提供了一个创造和维护国际经济体系的机会。很多新兴市场期望降低运输成本、改善能源供应、加强通信网络和分配清洁水来助推生产力和增长，世界经济也需要更多的增长。③

同时，反对亚投行会使美国给全球留下不好的印象，即美国并不支持地区和全球经济的发展，进而美国可能已经无力履行对当前全球经济体系的承诺，同时也损害了美国投资者自身的利益。

英国《金融时报》社论认为，华盛顿没能阻止西方盟友加入这家

---

① U.S. "screws up" on its approach to AIIB: former secretary of state, Xinhua News, April 1, 2015, http://news.xinhuanet.com/english/2015-04/01/c_134115699.htm.

② INTERVIEW/ Fred Bergsten: U.S., Japan made big mistakes in opposing AIIB, The Asahi Shimbun April 7, 2015, http://ajw.asahi.com/article/views/opinion/AJ201504070098.

③ Robert Zoellick, Shunning Beijing's infrastructure bank was a mistake for the US, The Financial Times, June 7, 2015, http://www.ft.com/intl/cms/s/0/c870c090-0a0c-11e5-a6a8-00144feabdc0.html.

新成立的银行，奥巴马政府对亚投行创建一事的反射性敌意有可能给人们留下这种印象，即美国对亚洲发展的兴趣小于对遏制北京的兴趣。这样做是不明智的，因为会给中国进一步的理由来声称美国一心实行对华遏制政策。①

诺贝尔经济学奖得主约瑟夫·施蒂格利茨在法国《回声报》发表题为《为什么应当支持亚投行》文章反思道，旨在推动亚洲基础设施建设融资的亚投行是全球经济治理的一大进步，美国反对亚投行的做法与其所标榜的经济优先主张完全矛盾，它试图阻止一个旨在帮助发展中的亚洲国家的重要创举。对发展中国家来说，基础设施的匮乏，而非海关的障碍，才是妨碍贸易的主要因素。在目前需求普遍不足的时刻，亚投行的另一个角色在于引导储蓄流向最有益的地方，因此应积极欢迎中国倡导成立亚投行的举措。②

乔治敦大学沃尔什外交学院和政府系国际发展副教授拉杰·德赛与詹姆斯·雷蒙德·弗里兰也就认为，实际上美国是在告诉增长迅速的亚洲国家，美国不会很快增加官方资金来满足他们的重要需求，美国要阻止其控制的机构增加资金以满足这些需求，美国将劝说其他国家不要设计出为你们提供资金的其他方式，而更为严重的是，美国拒绝加入不仅会危及自身的地区影响，还会损害美国的私人投资，一旦亚投行形成自己的风险保险和部分担保体系，美国投资者将无法

---

① 《英国〈金融时报〉：美国对亚投行抵制反而弄巧成拙》，环球网，2015 年 5 月 22 日，http://money.163.com/15/0522/17/AQ824DOC00254TI5.html。

② 《诺奖得主：亚投行是全球经济治理一大进步》，新华网，2015 年 5 月 7 日，http://news.xinhuanet.com/2015-05/07/c_127776274.htm。

参与。①

哈佛大学教授、前美国财长劳伦斯·萨默斯的认为，围绕亚投行的外交博弈表明，美国正在失去其作为全球经济体系担保者角色。由于中国经济规模与美国相匹敌，新兴市场又占世界总产出的至少一半，所以全球经济体系需要大幅调整，而在美国国内来自各方的政治压力使该体系日益丧失作用。右翼阻碍国际货币基金组织治理改革，左翼的压力限制了现有开发银行资助的基础设施项目。由于美国的承诺没有得到履行，这使得中国得以建立亚洲基础设施投资银行。②

第三，美国以建设性的姿态和方式加入亚投行或者介入亚投行工作将壮大美国及其盟友在亚投行中的势力，进而抗衡中国，更有利于维护和实现美国自身的利益。世界银行前行长罗伯特·佐利克认为，美国应该采取建设性的态度，促进亚投行与现有的多边金融体系（特别是世界银行和亚洲开发银行）相联系。③2011 年，世界银行投资 10 亿美元在新加坡创建了一个基础设施发展中心。即使美

---

① Raj M. Desai and James Raymond Vreeland, How to stop worrying and love the Asian Infrastructure Investment Bank, Washington Post, April 6 2015, http://www.washingtonpost.com/blogs/monkey-cage/wp/2015/04/06/how-to-stop-worrying-and-love-the-asian-infrastructure-investment-bank/.

② Lawrence Summers, A global wake-up call for the U.S.?, The Washington Post, April 5, 2015, https://www.washingtonpost.com/opinions/a-global-wake-up-call-for-the-us/2015/04/05/6f847ca4-da34-11e4-b3f2-607bd612aeac_story.html.

③ Robert Zoellick, Shunning Beijing's infrastructure bank was a mistake for the US, The Financial Times, June 7, 2015, http://www.ft.com/intl/cms/s/0/c870c090-0a0c-11e5-a6a8-00144feabdc0.html.

国决定不成为亚投行的股东，但是美国可以承诺支持使亚投行和世界银行分享经验、分析能力和资金，正如世界银行同一批伊斯兰、阿拉伯和石油输出国组织的开发银行和基金建立了类似的伙伴关系。同时，日本领导的亚洲开发银行也可以协助亚投行，帮助亚投行追求高质量的实务工作，特别是在反腐败、环境保护等领域。美国如果继续反对，可能犯下一个最大错误，即在塑造一个不断变化的国际体系时错过这个计划。英国《金融时报》社论认为，美国阻止日本加入亚投行是一个并不高明的决定，美国不应该让日本置身亚投行之外。如果日本加入亚投行，其在该银行中的势力将给予日本更大的发言权，从而稀释掉中国的投票权。① 美国外交学会日本问题资深研究员希拉·史密斯认为，美国应欢迎其他国家加入亚投行：第一，通过作为创始成员国加入这家新银行，这些国家将能够确保运营这家银行的标准和程序符合及强化现有的多边融资规范；第二，澳大利亚加入亚投行说明，美国的亚洲盟友认为加入亚投行而非置身中国这一倡议之外符合自身利益；第三，并非所有中国倡议都在挑战美国在亚洲地区的利益，美国应该继续鼓励中国有力且具有建设性地参与现有全球机构，同时仔细考虑如何加入新的地区倡议。②

　　第四，在美国采取抵制态度的同时，中国恰好显示出了开放和包容的态度，这两者形成鲜明的对比。世界银行前行长罗伯特·佐利克

---

① 《英国〈金融时报〉：美国对亚投行抵制反而弄巧成拙》，环球网，2015 年 5 月 22 日，http://money.163.com/15/0522/17/AQ824DOC00254TI5.html。

② 美国《纽约时报》网站 4 月 7 日发表关于亚投行的一组专题辩论文章。

认为，尽管美国在抵制和反对，然而中国却采取了开放和合作的态度，亚投行候任行长金立群曾是亚洲开发银行副行长，他亲自到华盛顿寻求前世界银行高级别官员和专家的建议。[①]

四、澳大利亚成为亚投行创始会员国

1. 澳大利亚官方在亚投行问题上的立场

2015 年 3 月 29 日，澳大利亚正式宣布申请作为意向创始成员国加入亚投行，并最终成为其第六大股东。3 月 29 日，时任澳大利亚总理托尼·阿博特、财政部长乔·霍基和外交部长朱莉·毕晓普发表联合声明，宣布澳大利亚决定签署作为创始成员加入亚投行的谅解备忘录。联合声明说："澳大利亚决定签署谅解备忘录，并因此将作为创始成员参与建立亚投行的谈判。过去几个月里，亚投行在银行设计、治理、透明度等方面取得了良好进展。澳大利亚认识到在亚太地区存在着基础设施投资的迫切需求。通过与其他重要多边机构如世界银行、亚洲开发银行的合作，亚投行将在满足基础设施需要、促进本地区经济发展方面发挥重要作用。"[②]

[①] Robert Zoellick, Shunning Beijing's infrastructure bank was a mistake for the US, The Financial Times, June 7, 2015, http://www.ft.com/intl/cms/s/0/c870c090-0a0c-11e5-a6a8-00144feabdc0.html.

[②] 《澳大利亚决定加入亚投行》，新华网，2015 年 3 月 29 日，http://news.xinhuanet.com/2015-03/29/c_1114796866.htm。

事实上，在最开始的阶段，澳大利亚并不支持加入亚投行，政府内部看法不一。澳大利亚在 2014 年 10 月就被中国邀请加入，但是澳政府内部对如何处理这一问题存在分歧。澳大利亚财长霍基和贸易部部长安德鲁·罗伯支持这个决定，但是以总理阿博特和外交部长毕晓普为代表的澳决策层"受美国反对影响，坚决反对加入亚投行。他们的反对理由是：如果没有一个恰当的监管流程，中国将利用亚投行来推行自己的外交政策。中国当然会这么做，就像美国利用世界银行推行自己的政策一样"①。然而，这种亦步亦趋的态度在澳国内也受到批评和质疑。澳大利亚前总理霍克在 2015 年 3 月的博鳌亚洲论坛上就尖锐地表示，在加入亚投行的这一决定上，澳洲政府的拖沓是极其荒谬的，并批评现任澳洲总理太听美国的话了。霍克提出，盲目跟随美国是愚蠢的，澳洲应该成为亚洲大家庭的一员，这才最符合澳洲的国家利益②。

澳大利亚官方的立场显示，澳不仅希望成为亚投行的创始会员国，同时希望在其中发挥重要的作用。2015 年 8 月，澳大利亚政府向议会提交批准该国加入亚投行的议案。2015 年 9 月 16 日，澳洲财政部官网显示，澳财长霍基对外宣布，澳洲政府已经通过亚投行法案，并对澳洲正式成为亚洲基础设施投资银行创始成员国表示祝贺。他表示，澳大利亚将在亚洲基础设施投资银行中扮演关键角色，

---

① AIIB: Australia does the smart thing, finally, The Sydney Morning Harald, March 23, 2015, http://www.smh.com.au/comment/aiib-australia-does-the-smart-thing-finally-20150323-1m5gpr.html.

② 《澳前总理：澳大利亚不应太听美国的话 早该加入亚投行》，《中国日报》2015 年 3 月 29 日，http://news.ifeng.com/a/20150329/43440272_0.shtml。

将与中国、印度、韩国、英国、德国以及法国等创始成员国共同合作。这项立法有利于澳政府与该地区主要贸易伙伴合作，共同出资修建新的港口及货运走廊等基础设施，将为该地区创造更多就业机会。澳洲企业也将有更多机会直接参与该地区的基础设施建设，同时，澳洲的产品也有机会进入这些重要市场，巨大的市场为澳洲企业提供新的机遇。官网称，亚洲基础设施投资银行将为整个地区的主要基础设施项目提供资金支持，预计未来 10 年内将融资 8 万亿美元用于亚洲基础设施建设。澳洲将在 5 年内向亚投行贡献 7.38 亿美元，为第六大股东。①

澳资深国际战略学者、澳大利亚国立大学战略国防研究中心战略研究所教授休·怀特的文章也透露了澳政府态度转变的不为公众所知的细节，这部分源于美澳关系遇冷。中国首次邀请澳大利亚等国加入亚投行时，奥巴马总统打电话要求澳拒绝。在公开场合，美国官员称其只是对亚投行运转方式的一些技术性问题感到担忧。然而私下来看，很明显，奥巴马反对亚投行正是因为它将增强中国在亚洲的领导地位并因此而削弱美国的地位。奥巴马以为像托尼·阿博特这样的忠实盟友会听话。刚开始，阿博特的确很听话。在跟奥巴马通话后，他显然推翻了此前的内阁决定，宣布澳大利亚不加入亚投行。短短几个月后，他改变了主意。是什么导致了这一转变？一个重要因素是奥巴马政府和阿博特政府之间的友好崩塌了。尽管说得天花乱坠，但华盛顿和堪培拉之间的关系悄然变冷已有相当长一段时间，在奥巴马

---

① 《澳洲通过亚投行法案》，环球网转引驻墨尔本总领馆经商室，2015 年 09 月 21 日，http://china.huanqiu.com/News/mofcom/2015-09/7536363.html。

2014 年 11 月布里斯班二十国集团峰会期间利用一次重要发言就气候变化问题抨击阿博特政府之后，两国关系陷入天寒地冻，阿博特对此非常在意不足为奇。[①]

2. 澳大利亚政策界、舆论界对亚投行问题的思考和建议

第一，美国反对亚投行并不直接构成澳反对亚投行的理由，事实上亚投行将给澳大利亚带来更多的经济增长和就业就会。美国反对亚投行的原因恰恰在于亚投行总部设于中国，这会使得中国获得某些类似的机遇。然而，这并不能给澳大利亚任何不加入亚投行的借口。对东亚地区基础建设更多的投资对澳大利亚的工程师、建筑师、投资银行以及律师们而言都是好消息。我们仍想着商品出口，但澳洲的未来依赖于劳务输出。亚投行项目给澳大利亚提供去亚投行成员国的机会，澳大利亚可以通过以上提到的工作进行劳务输出。[②]

第二，当前国际金融体系事实上将中国这一至关重要的经济体排除在外并且边缘化，中国没有理由支持这样一种体系，而澳有理由支持中国在建立多边金融机构上的新倡议。迄今为止，中国并未过多参与国际金融机构。一部分原因是由于中国并未在国际上获得选举权，

---

① Hugh White, AIIB: China outsmarts US diplomacy on Asia bank, The Age, March 31, 2015, http://www.theage.com.au/comment/aiib-china-outsmarts-us-diplomacy-on-asia-bank-20150329-1maoq7.html.

② AIIB: Australia does the smart thing, finally, The Sydney Morning Herald, March 23, 2015, http://www.smh.com.au/comment/aiib-australia-does-the-smart-thing-finally-20150323-1m5gpr.html.

更不能彰显其经济重要性。另一方面，造成这样局面的原因之一是中国并不愿意接受目前体系的前提条件。"他们为什么应该接受呢？为什么中国应该接受一个断定美元就是拥有极度特权的全球储备货币的金融体系呢？为什么中国要接受这个由一个美国人和一个欧洲人主管着最重要两个机构并都坐落于华盛顿特区的金融体系呢？为什么中国要接受一个自己都不曾参与规划的金融体系呢？"①

第三，提出亚投行倡议和创设金砖银行一样都有利于服务中国的利益，而加入亚投行符合澳的国家利益。大国都会为了自己的利益采取行动，新兴经济体正在做同样的事，澳"参与其中将给自己一个获得影响力的机会并塑造其未来的发展方向"。中国自己开创一个相同的体系，坐落于中国，并服务于中国的利益，这样的做法是十分明智的。2014年，与亚投行一起，中国领导建立了金砖国家开发银行，其成员国有巴西、俄罗斯、印度、中国以及南非，金砖国家开发银行总部也设在中国，亚投行及金砖国家开发银行是这个新的体系的一部分。

第四，澳应该早些选择加入亚投行，澳中之间相互尊重，澳将北京看作"是一支领导力量"，北京会使澳获得更大的尊重、影响力和领导力。在过去6个月里延迟作出是否加入亚投行的决定，澳丧失了一些东西，而澳最终选择加入的决定好过不加入。如果最终选择接受邀请，澳"被看成是领导者，而不是一名有些尷尬的追随者"。更为

---

① AIIB: Australia does the smart thing, finally, The Sydney Morning Herald, March 23, 2015, http://www.smh.com.au/comment/aiib-australia-does-the-smart-thing-finally-20150323-1m5gpr.html.

重要的是，长期以来澳"不希望被倾听，或被跟随"，而"中国并不具有这些特征"，早加入亚投行将使澳获得"更大的尊重和影响力"①。

第五，中国提出的"一带一路"倡议在开放性、推进效率、促进地区经济一体化方面优于当前亚太正在推进的区域贸易谈判进程，包括跨太平洋战略经济伙伴协定和区域全面经济伙伴关系协定。澳大利亚国立大学克劳福德公共政策学院副研究员安德鲁·埃莱克在澳大利亚东亚论坛网站发表的文章就持有这种观点，他认为，中国的"一带一路"倡议是目前最重要的经济深度一体化计划。该计划设想通过陆地"丝绸之路经济带"和"21世纪海上丝绸之路"复兴古老的贸易通道。对中国来说，该倡议是精心筹划的把本国经济与世界其他地区联系起来的途径，初期所强调的是取道亚洲其他地区到达欧洲的线路。中国政府已经详细描述了该计划的原则和目标。这一倡议显示了中国所声称的在能力范围内利用自身在基础设施建设和金融资源方面的优势承担更多责任和义务的承诺。其他任何国家政府都可以参加。相比之下，诸如跨太平洋战略经济伙伴协定和区域全面经济伙伴关系协定之类的区域性倡议需要很多年的谈判才能实现在农产品或低技术制造业贸易自由化方面的适度进展，这两个协定都成为全球贸易份额迅速缩小的成因。②

---

① AIIB: Australia does the smart thing, finally, The Sydney Morning Herald, March 23, 2015, http://www.smh.com.au/comment/aiib-australia-does-the-smart-thing-finally-20150323-1m5gpr.html.

② Andrew Elek, Australia National Univerisity, China takes the lead on economic integration, 7 July 2015, East Asia Forum, http://www.eastasiaforum.org/2015/07/07/china-takes-the-lead-on-economic-integration/.

第六，布雷顿森林体系下现有多边开发银行的治理结构并不适用于亚投行，亚投行应该探索更加完善的管理方式，其中一个建议则是不再需要一个全职的常设董事会。洛伊国际政策研究所二十国集团研究中心主任迈克·卡拉汉于 4 月 1 日发表题为《为什么亚投行不应该像世界银行和国际货币基金组织那样管理》[①] 的文章指出，尽管亚洲开发银行行长中尾武彦一再强调亚投行的运营和管理必须遵循"最佳方式"，然而中方的回应"现有跨国银行机构的安排方式并不一定就是最佳方式"是一种正确的表态。他认为，事实上布雷顿森林体系的治理方式有很多地方需要改革。最近关于世界银行和国际货币基金组织的改革重点相对而言只是很小的改变，主要是改变各成员配额的分配。尽管这也重要，但是真正的挑战是改变这些机构的思考方式、作决策的方式以及增强其与股东的关联性。这将取决于内部治理的改革特别是对董事会作用和运营方式的改革。最佳的治理安排方式应该是厘清亚投行的作用和目标，制定清楚的运营原则和指导方针，明确管理层和职员的作用和义务，有严厉的评估和追责机制。现有跨国银行机构本身内部治理需要改革。对这种方式而言，一个高级别、非常设的董事会与之更适应，但在现代科技条件下亚投行不再需要一个全职的常设董事会。

第七，澳大利亚战略界和政策界也对澳政府的态度转变进行了反思，认为澳加入亚投行标志着其终于承认亚太地区的政治开启了一个

---

① Mike Callaghan , Why the AIIB should not be governed like the World Bank and IMF, The Interpreter, 1 Apr 2015, http://www.lowyinterpreter.org/post/2015/04/01/Why-AIIB-should-not-be-governed-like-World-Bank-and-IMF.aspx.

新时代，随着地区形势的变化亚洲的秩序也需要革新。休·怀特教授 2015 年 3 月 31 日在《中国在亚投行问题上智胜美国外交》一文中尖锐指出：美国的失误则在于，它想当然地认为，各方对中国作为区域领袖的恐惧压倒了中国带来经济机遇的吸引力。随着财富和力量发生转变，亚洲需要建立崭新的秩序。①

更为激进的一种观点认为，美国在亚太的领导地位与从前相比已有所差别，亚洲区域的秩序正在发生变化。休·怀特教授 2014 年 10 月 29 日发表的《亚洲基础设施投资银行：美国的影响处于风雨飘摇之中》② 更毫不讳言地指出，美国在反对亚投行上的外交活动证实其存在越来越大的弱点，还证实其亚洲政策仍然基于美国能像过去一样继续承担领导角色的幻觉。美国越早抛弃这种错觉，承认亚洲区域秩序已经不可避免地正在改变，就能越快开始创造性地和实际地思考如何在亚洲新秩序之中使自身影响最大化。

五、掌舵亚投行

作为亚投行倡议国，中国无疑是亚投行最主要的成员国，亚投行乃至亚洲将走向何方，都与中国密切相关。长期以来，亚洲经济发展

---

① Hugh White, AIIB: China outsmarts US diplomacy on Asia bank, The Age, March 31, 2015, http://www.theage.com.au/comment/aiib-china-outsmarts-us-diplomacy-on-asia-bank-20150329-1maoq7.html.

② Hugh White, AIIB: America's Influence In the Balance, The Strait Times, Oct 29, 2014, www.straitstimes.com.

滞后，国际制度合作难以深入，中国所倡导的亚投行将是由亚洲国家提出并主导的具有重要影响的国际制度。中国理应在亚投行获得主导权，成为带动亚洲经济发展的引擎。亚投行的发展也不只是国际金融制度的补充，更是在新的起点上的突破，是中国为世界发展贡献的国际公益。

1. 中国在亚投行的地位与作用

中国是亚投行的发起国，无疑将在亚投行占据主导地位。据《筹建亚投行备忘录》，亚投行的投票权将以基本票和加权票为基础。基本票只面向创始成员国，以 GDP 规模计算而得的占比为基础，而加权票的分配以出资占比为基础。按照上述规则，愿意出资 50%（500亿美元）的中国将成为第一大股东，伴随新成员国的加入，现有成员国持股比例将会同比例稀释。但作为域内经济总量最大的国家，中国无疑将会继续保持最大股东的地位。

中国主导筹建亚投行，加大对"一带一路"沿线国家的基础设施投资，有着深刻的经济发展战略调整的考量。新形势下，中国亟须开展新一轮对内改革和对外开放，以确保宏观经济的可持续增长。从对内改革来看，本轮全球金融危机的爆发使得中国维持了 30 年的主要依靠高投资和高出口拉动经济增长的模式难以为继，加快产业结构升级和去产能化步伐，实现创新驱动型和内需拉动型增长已是当务之急。从对外开放来看，在美国大力推行高标准的跨太平洋伙伴关系协定（TPP）并试图重塑全球贸易规则的大背景下，中国需要改变长期以来以沿海带动内陆为基本格局、以吸收对外直接投资为主要方式、以建设"世界工厂"为主要目标的传统开放战略，以更加开阔的视野、灵活的方式和务实的态度构建全方位的对外开放格局，特别是加快广大内陆和沿边地区的开发开放，并鼓励中资企业走出去。为此，逐步扩大对外投资应成为新开放格局的题中应有之义。中国主导筹建亚投行的一个重要考量是为"一带一路"这一亚欧经济整合战略提供金融支撑。显然，在多边框架下开展这一工作具有十分明显的优势，也是符合包括中国在内的各方利益的最优选择。[①]

中国主导亚投行，也将在亚投行担负最主要的国际责任，发挥最主要的国际作用。首先，中国将依靠最大的经济总量和外汇储备规模，成为亚投行最大的出资方。根据亚投行协议，中国的出资比例为 50%，亚投行的起步运营几乎是中国在承担着最大的责任和风险，这是一种极具勇气的国际担当。其次，中国将依靠近年来积累的丰富的基础设施建设经验，为亚洲其他国家的基础设施建设提供巨大的技术支持。众所周知，近年来，中国在高铁、道路、桥梁等方面积累了宝贵的建设经验，具有世界领先的技术水平，这是通过亚投行的制度设计惠及周边国家的技术保障。再次，中国将设计大部分国家都能够接受的治理机制以保障亚投行的良好运行。中国多次宣布，将不在亚投行谋取"一票否决权"，不模仿亚开行、世行等既有机制的决策模式，而将探索尊重各方需求、更为民主科学的协商制度，使亚投行成为谋求亚洲福祉的机构而非成为实现某个国家

[①]　张文木：《"一带一路"和亚投行的政治意义》，《政治经济学评论》2015 年 7 月。

的利益的外交政策工具。① 最后，中国将通过亚投行，给亚洲及世界带来巨大的发展福利。中国的发展离不开世界；同样，世界的发展也离不开中国。这已经成为世界各大国普遍接受的事实。亚投行是中国为世界发展提出的方案，是由中国发起并主导但必将产生深刻而广泛的世界影响的国际制度。

2. 亚洲多边制度设计

作为发起国和最主要的成员国，中国所倡议的亚投行，其最具创新性的意义在于，这是首次由中国倡议的、由广大亚洲国家共同参与的、包容发展中国家和发达国家的制度设计，是由亚洲国家创新性提出并主导的"亚洲"的制度设计。长期以来，亚洲的治理模式是美国提供安全预期、中国提供经济福利，亚洲的国际秩序存在着错位和分离的趋势。② 即使是亚洲所设计的几个制度，也没能发挥出更大的作用。不同于欧洲的联合与北美的发展，亚洲发展长期处于滞后阶段，国际制度合作难以深化。比如，东盟难以代表亚洲，中国与日本之间又存在隔阂。所以，如何设计一种制度，能够吸引亚洲绝大部分国家参与，同时，又产生广泛影响并且不受域外国家主导或干涉，便极为重要。中国所提出的亚投行，便成为亚洲多边制度设计的重要方案。

受地理区位、历史文化以及地缘政治等多种因素影响，亚洲国

---

① 包运成：《论亚洲基础设施投资银行决策机制的构建》，《河北法学》2015 年 8 月。

② 刘丰：《安全预期、经济收益与东亚安全秩序》，《当代亚太》2011 年第 3 期。

家经济发展水平普遍较低并且差异巨大，经济多样化程度高，一体化程度低。在经济全球化和区域经济一体化这一世界经济发展大势下，任何国家都难以脱离全球和区域经济发展而单独实现经济腾飞。因此，东亚、南亚国家与中亚、西亚国家缺乏互联互通，不仅束缚了各国自身的经济发展空间，而且已经成为制约亚洲国家合作共赢进而实现亚洲整体崛起的重要障碍。中国主导下的亚投行将业务领域明确定位在基础设施投融资领域，这将对缩小亚洲国家经济发展差异、促进各国经济融合和区域一体化发展发挥至关重要的作用。首先，从各国内部来看，基础设施建设能够促进投资所在国的经济发展，提高其经济效率，特别是刺激其制造业和交通运输业等相关产业的迅速发展，并带动农业和服务业发展。其次，从加强各国经济联系的角度来看，基础设施建设特别是铁路、公路、港口、机场、电力以及通讯领域的投资有利于加强各国的互联互通，降低运输成本，便利通讯往来，从而促进区域内货物贸易和产业分工细化，进而以贸易带动金融和投资的跨国往来，促进各国金融市场发育并逐步加强各国在货币金融领域的合作，提高亚洲经济体在现行国际经济、金融体系中的地位。[1]

3. 国际秩序变革

中国在亚投行的另一个重要作用，就是继续推动国际金融秩序变

---

[1]　王达：《亚投行的中国考量与世界意义》，《东北亚论坛》2015 年第 3 期。

革，在实现"中国梦"的同时，也在实现"亚洲梦"和"世界梦"。[①]
一方面，中国将继续推动全球经济结构发生转变。2008年金融危机
之后，美国和欧洲的经济相对优势逐渐丧失。近几年来，欧洲复苏乏
力，美国经济也面临着高失业率、贸易保护主义回潮和在全球经济治
理体系中逃避责任等问题。比较而言，亚洲逐渐成为全球经济发展的
主要推动力之一。WTO贸易与发展报告指出，2012年，发展中国家
经济总量占全球经济的比重已经由2000年的23%上升为40%，其贸
易规模占全球贸易总量由33%上涨为48%。[②] 再从经济治理体系方面
看，21世纪初期的八国集团（G8）峰会，已经不那么引人注目，在
经济危机爆发时，也并未达成振奋人心的共识，相反，二十国集团
（G20）峰会却成为应对金融危机的重要的多边平台。尤其是2012年
后，中国相继成为世界第二大经济体和最大的货物贸易国，G20峰会
和金砖国家（BRICKS）领导人会晤机制逐渐兴起并发挥重要作用。
总之，发展中国家经济规模、贸易总量以及当前在全球经济结构中的
地位已经成为全球治理体系调整所不得不重视的一个重要方面。亚投
行应运而生。

　　另一方面，从全球投资结构看，美欧等西方国家已经不再是对外
直接投资的唯一来源地。据2014年世界投资报告，2011年，美欧等
发达国家对外直接投资占全球对外投资比例的60%，到2014年，这
一比例已经下降至48%；同期，发展中国家对外直接投资的比例从

---

① 常华：《亚投行将重塑国际金融秩序》，《科技智囊》2015年5月。
② "World Trade Report: 2014: Trade and development: recent trends and the role of the
　WTO"，Washington D.C.:WTO,2014,p.53.

24%上升到 38%。从国家的角度上看，美国、日本、德国依然是世界主要的对外投资国，但是同样不能忽视作为发展中国家的中国。据联合国贸发会议统计，2012 年，中国已经成为世界第三大对外投资国，投资总额为 840 亿美元。[①] 当前，中国正在非洲、拉美、中亚甚至美欧等世界各地加大对外投资力度，随着"一带一路"的实施，亚洲基础设施投资银行、丝路基金等措施势必会进一步加快中国对外投资的步伐。

更为重要的是，中国通过亚投行将进一步带动国际经济规则的新一轮调整与创新，设计更加符合广大发展中国家的国际规则。当前，美欧等发达国家正在通过跨太平洋伙伴关系协议（TPP）和跨大西洋贸易与投资伙伴协议（TTIP）创建新一轮国际规则。新一轮规则谈判的主要特征不再仅仅关注初级的贸易自由化，其议题更加关注投资、政府采购、国有企业发展、环境与就业、知识产权保护、非关税贸易壁垒等。其实质是，在国际经济规则的制定上，美欧企图绕开WTO 多边机制，为全球新一轮的经济规则制定创造一个自由化的范本。中国所倡议的亚投行，也是对新一轮国际规则制定主导权竞争的有力回应。一方面，新一轮国际经济规则的制定应该更加考虑发展中国家的利益，考虑缩小南北差距。二战后的经济规则，是在发达国家主导之下建立的，从本质上讲，新一轮的经济全球化也正是资本在世界范围内的新一轮的配置。另一方面，中国应当更加积极地参与新一轮国际经济规则的制定。长期以来，中国参与到世界经济中，有些规

---

① "World Investment Report:2014: Investing in the SDGs:An Action Plan",Washington D.C.:UNITED NATIONS,2014,pp.14-15.

则不仅不利于中国的发展，甚至是专门为了应对中国而制定的。这意味着，中国必须在新一轮规则制定中拥有话语权，维护自身利益。而且，中国应该团结广大的发展中国家，发挥"负责任的大国"的领导责任。[①] 在这种背景下，亚投行显然将是中国应对国际规则竞争的有效手段，也恰好符合广大亚洲国家的利益。

---

① 赵龙跃：《中国参与国际规则制定的问题与对策》，《学术前沿》2012 年第 16 期。

第四章

关于亚投行的第四个 W（时间）[*]

2008 年全球金融危机发生后，世界秩序的演变进入到了一个关键的历史时刻。全球化新旧版本的转型、大国对全球治理领导权的激烈争夺以及亚欧大陆内部发生的重大变化，成为塑造新世界秩序的关键因素；与此同时，中国与外部世界的关系也正在发生深刻变迁，正由世界秩序的被动参与者，日益演变为国际规则的制定者、合作议题的发起者和区域合作的引领者。在这种背景下，亚投行在中国推动下应时而生。只有将亚投行置于当前全球范围世界秩序新旧转换以及中国与外部世界关系深刻变迁的时代背景中，才能更深入地理解这一区域金融创新组织。

---

*　此处 W 为英文单词 when 的首字母。

一、全球化的转型和治理权的再分配

历史经验表明，全球大危机带来世界秩序大调整。2008 年发生的全球性金融危机的重大历史影响随着时间的推移日渐显现：这次大危机不仅推动了新旧版本全球化的转型，也开启了世界范围内全球治理权的再分配进程，亚投行正是诞生于这种世界秩序转换的重要节点上；此外，亚投行还植根于亚欧大陆特别是亚洲崛起的特定历史地理坐标之中。只有从这种特定的时空背景出发，才能对亚投行的发展由来、重大意义、未来走向等重大问题进行更深入的把握。

1. 历史性的 2008 年金融危机与全球化新旧版本的转型

在 2014 年 11 月底召开的中央外事工作会议上，习近平主席强调"当今世界是一个变革的世界"，"是一个国际体系和国际秩序深度调整的世界"。从近代以降数百年中国际关系史的演变来看，国际体系和国际秩序自形成后，一直处于持续的变革和调整过程中，但能够称得上"深度调整"或"大变局"的时代却并不多。历史上的国际大变局多数是在大战前后发生的，苏东剧变导致两极格局终结是其中少有的例外，但也是伴随着大动荡、大冲突进行的。2008 年全球金融危机发生以来的种种迹象表明，当今世界正在经历着一个新的"大变局"。同以往历次"国际体系和国际秩序深度调整"有所不同，此次国际变局虽有乌克兰危机导致的美欧与俄罗斯尖锐对峙，但总体上却是在一种相对平稳的和平环境中发生的。

2008 年，由美国次债危机引发的金融危机蔓延至全球，在这场危机尚未消退的次年年底，欧洲主权债务危机又浮出水面，由此形成的西方乃至世界性经济冲击波至今仍在持续。早在 2008 年，这场危机即被普遍视为自 20 世纪的"大萧条"以来世界经济所遭遇的最为严重的挑战，而从持续时间上看，此次危机已经超越 1929—1933 年的金融危机。当未来的人们站在远处回顾历史时，此次危机可能是 21 世纪初期最具深远意义的国际政治经济事件。

与 20 世纪的那场大危机或 1997—1998 年的亚洲金融危机等相比，2008 年的金融海啸虽然已经发生了七年时间，但人们仍未能确定其结束日期。当前世界经济的诸多迹象表明，七年前肇始的金融危机远未结束，而是逐渐发展成为国际社会中的"新常态"，并面临再度恶化的风险，2008 年爆发的全球金融危机或许会永远只能用其开始的时间来命名。

2008 年发生的全球金融危机之所以呈现出长期化态势并注定将产生重大影响，源自于这并不是一场简单的经济或金融危机，其背后涉及不同的发展模式、增长理念之争，而其演进过程又伴随全球化的历史性转型，因而必然是一个艰难和复杂的过程。作为金融危机发生的核心区，欧美等传统西方大国的力量受到相对削弱。不过，由于西方国家依然掌握着国际金融等领域的制度霸权，现代成熟的资本主义体制具有较强的自我调整能力，且新兴经济体是以现有秩序的参与者而非挑战者参与全球治理和争取自身权利的，因而国际权势转移和新的世界秩序的形成，都将是一个较为缓慢的过程。

　　1992 年，发展中国家的经济总量只占到世界的 36%，而到了 2008 年金融危机发生四年后的 2012 年，按照购买力平价计算，发展中国家的经济总量已经历史性地首次超过了西方发达国家，新兴经济体则成为发展中国家整体实力上升的主要支撑。除了传统西方发达国家和新兴经济体力量的此消彼长，金融危机带来的最重大的影响在于促进了全球化进程的历史性转型。迄今为止的"旧版本的全球化"可以概括为"新自由主义的全球化"(neo-liberal globalization) 或"霸权式的全球化"(hegemonic globalization)，其本质则是"西方化"或"美国化"。① 二战以后，西方世界特别是美国通过布雷顿森林体系建立的金融和经济体制掌控着全球经济一体化；其对世界事务的主导地位在冷战结束后，因为以苏联为首的另一平行体系的崩溃得到进一步凸显。随着俄罗斯、东欧和拉美国家在冷战结束后迅速接受"华盛顿共识"，这种全球化模式似乎成为一种普世模式。2008 年以来的全球金融危机冲击波暴露了旧版本的全球化，特别是西方主导的国际金融体制的重大问题；美国和欧洲遭遇的危机源自其内部体制的弊端，其在世界范围内的蔓延一方面是全球化的结果，另一方面也必将改变这种全球化本身的进程。

　　旧版本的全球化是以西方特别是美国国内治理模式为样本向全球

---

① 　关于全球化在 2008 年全球金融危机发生后出现阶段性回潮以及新旧版本全球化转型的问题，可参考以下代表性文献：Peter Evans, "Is an Alternative Globalization Possible?" Politics Society, Vol. 36, No. 2, June 2008, pp.271-305; Roger C. Altman, "Globalization in Retreat: Further Geopolitical Consequences of the Financial Crisis", Foreign Affairs, Vol.88, No.4, July/August 2009, p.2; 苏长和：《在新的历史起点上思考中国与世界的关系》，《世界经济与政治》2012 年第 4 期。

推广和扩散的过程，但此次危机却打破了西方自由民主与自由市场经济作为"历史终结"的神话。全球金融危机以一种极具惩罚性的方式，暴露出以美国为代表的"自由市场秩序"和以欧洲一些国家为代表的福利国家制度两种资本主义模式的缺陷，甚至在某种程度上可以视为其国内治理特别是金融治理的失败。我们不能因为"北京共识"话语的兴起，就忽视我国国内存在的诸多矛盾和问题，甚至将其向世界推广，但这个概念的出现，反衬出"新自由主义"和"华盛顿共识"作为一种普世模式已经破产，其国际影响力已经大大下降。

金融危机的全球蔓延折射出旧版本全球化是一种不均衡、不平等的全球化。在新兴国家群体日益崛起的情况下，这种西方发达国家作为主要驱动者和主宰者的全球化模式的动能日渐衰竭。有学者将旧版本全球化模式的特征概括为缺少节制、自律的国内制度与国际关系领域缺少他律约束和再分配功能的国际制度，赢者通吃规则、以大吃小的规则、利益最大化的规则充斥于市场运行等。① 在这些规则支配下，少数国家成为国际体系的主宰者和国际制度红利的占有者，但居于体系底层的国家，则因为被日益边缘化而更为贫穷，甚至沦为"失败国家"或"第四世界国家"。

全球金融危机的另一个重要后果，是使得以欧洲和东亚为代表的两大地区化进程陷入困境、低潮甚至是倒退。② 地区联合作为一种地区国家"抱团取暖"和"共同治理"的世界性现象，本质上是外部压

---

① 苏长和：《在新的历史起点上思考中国与世界的关系》，《世界经济与政治》2012 年第 4 期。

② 庞中英：《地区主义浪潮陷入低谷》，《人民论坛》2012 年第 4 期。

力和内部动力共同促生的产物。二战后欧洲兴起的地区联合对其他地区既是一种示范，也是一种压力。北美、欧洲和东亚全球三大地区板块之间的相互借鉴和竞争，是 20 世纪 90 年代地区化浪潮兴起的重要驱动力。作为世界地区联合事业的标杆，欧洲由于内部原因出现严重问题，一方面降低了地区国家通过"抱团取暖"在世界地区板块竞争中争取有利地位的压力，另一方面也可能增加一些国家对地区化进程可能产生负面影响的疑虑。对于以其为样板开展地区合作的其他地区，这无疑是一种警示和打击。

金融危机对于地区合作事业而言带来的影响并非总是负面的。如同 1997—1998 年的亚洲金融危机推动了东亚地区内部联合的起步，此次全球金融危机也为东亚等地区货币金融等领域的合作带来了机遇。比如，在金融危机发生不久的 2009 年 5 月，中、日、韩及东盟同意组建了总额为 1200 亿美元的亚洲区域外汇储备库（Reserve Pooling in East Asia），其中中国和日本各出资 384 亿美元，韩国出资 192 亿美元，东盟出资 240 亿美元，用以帮助地区内经济体应对全球金融危机的冲击。这成为东亚金融合作在《清迈协议》的基础上迈出的重要一步。

不过，总体而言，在亚投行组建之前，亚洲国家并没有很好地抓住 2008 年金融危机促生的地区金融合作机遇。除了在东亚小范围国家中组建的亚洲区域外汇储备库，亚洲整个区域内的金融合作并未取得实质性进展，地区联合作为一项事业在整体上甚至出现了倒退。首先，频发的领土争端等引起地区国际关系持续紧张，民族主义的泛滥压倒了地区主义。其次，在金融领导权方面，"对于东亚而言，随自身实力的日益上升，追求全球层面的目标比地区层面的目标对地区领导者更具吸引力"。[①] 东亚地区合作缺乏作为"发动机"的大国和领导者问题，在危机发生后变得更为突出，直到 2014 年中国发起组建亚投行倡议后，这种局面才得以改变。最后，经济上的危机带来某些地区合作机遇的同时，也蕴含着破坏地区合作的危险因素。从历史经验看，经济危机背景下贸易保护主义的兴起和各国忙于国内经济和社会问题导致的内顾倾向，处理不当往往会阻碍国际合作和地区整合的有效开展。20 世纪 70 年代，在"石油冲击"引发的西方国家经济危机影响下，欧洲一体化便陷入了十余年的停滞期。从目前全球金融危机给欧洲和东亚地区合作带来的影响看，它在两个地区造成的后果都更像 20 世纪 70 年代的西方经济危机，而不是 1997—1998 年的亚洲金融危机。

与此同时，随着全球化的曲折发展，"东西问题"已经弱化，"南北问题"则更加突出，金融危机进一步加剧了这种趋势：全球相互依赖和东西方权势转移效应使东西方力量对比趋于均衡，东西方之间的关系也主要由战争和平问题，演变为双方在全球治理框架下和平争取国际制度权力的较量。由于金融危机使东西方国家面临着共同挑战，需要双方通过紧密的国际合作共同应对，战争的危险进一步降低；旧版本全球化的种种弊端则使"南北问题"在过去几十年中加剧发展，

①　Williams W. Grims, "Financial Regionalism after the Global Financial Crisis: Regionalist Impulses and National Strategies", in Wyn Grant, Graham K. Wilson eds., *The Consequences of the Global Financial Crisis: The Rhetoric of Reform and Regulation*, Oxford: Oxford University Press, 2012, p.103.

成为全球治理需要面对的首要问题之一。在金融危机冲击下，世界各地涌起的"反全球化运动"，说明旧版本全球化已经受到边缘国家越来越强烈的抵制，并在动力衰竭和阻力增大的情况下，陷入了困境。更为均衡、更具分享性的全球化模式势在必行。然而，在同样受到金融危机冲击的新兴国家群体尚不能为下一轮新的全球化模式提供足够的动力之前，全球化可能会出现阶段性的回潮。[1] 由于"新版本的全球化"尚未成型，全球化的未来仍具有不确定性。但科技和信息化的日益加速发展，以及新兴经济体的巨大潜力，决定了全球化只是进入了阶段性调整期，而不会永久停滞。

在全球金融危机爆发前夕，美国哥伦比亚大学经济学家弗雷德里克·米什金 (Frederic S. Mishkin) 提出了"下一轮大全球化"(The Next Great Globalization) 的概念，并探讨了落后国家如何冲破西方发达国家金融霸权进行发展等问题。[2] 金融危机预示着新旧版本全球化转型的时机已经到来。全球化将在危机和调整中蓄积新的动能，并在转型结束后，以新的面貌和更强的力量重塑国际政治面貌。全球化转型的目标是建立"反霸权式的全球化"(counter-hegemonic globalization)，[3] 其能否成功，取决于各国特别是西方发达国家和新兴发展中国家以全球治理为舞台，进行博弈的进展情况。

---

[1] Roger C. Altman, "Globalization in Retreat:Further Geopolitical Consequences of the Financial Crisis", *Foreign Affairs*, Vol.88, No.4, July/August 2009, p.2.

[2] Frederic S.Mishkin, *The next great globalization: How disadvantaged nations can harness their financial systems to get rich*, Princeton: Princeton University Press, 2006.

[3] Peter Evans,"Is an Alternative Globalization Possible?",*Politics Society*,Vol. 36, No. 2, June 2008, pp.271-305.

在新旧版本全球化转型的历史时刻，世界政治经济秩序的调整也走到了一个新的关节点上。在新自由主义全球化模式遭受质疑甚至面临破产的情况下，作为这种全球化模式象征的世界银行、国际货币基金组织等布雷顿森林体系的支撑，也面临着合法性下降和有效性不足的双重考验。这些组织既没能满足发展中国家和新兴大国增加代表权的要求，也无法为他们的经济发展提供足够的金融支持。在新旧版本全球化转型之际，组建区域性或功能性的创新型国际金融组织，已经成为一种时代需求。

2. 大国对全球治理领导权的激烈争夺

全球金融危机在美国和欧洲虽然有不同的根源和表现，但它们共同冲击了自近代国际关系开始以来西方国家的中心和主宰地位，国际权势第一次开始由西向东转移，并从资本主义体系内部权力的交接转到向体系外的扩散。美国和欧洲同时遭遇严重的危机，标志着一直居于世界秩序主宰地位的西方大国开始出现群体性衰落的趋势，而以中国、印度等为代表的东方大国的崛起，则加速了其相对衰落的进程。全球金融危机虽然也使新兴国家的经济受到冲击，但以中国、印度为首的亚洲经济体率先实现了经济复苏。"金砖国家"在危机背景下的经济发展远远高于世界平均增长率，加速后西方世界秩序的形成。"多强"趋强的态势将使世界政治经济力量对比更趋均衡。

2008 年全球金融危机的爆发，标志着以"七国集团"以及世界银行、国际货币基金组织等为主要架构的传统国际经济治理体系，已经无法应对新的全球经济治理问题。在此背景下，"二十国集团"和"金砖国家"等新的治理框架应运而生，而如何在新老制度框架中反映新兴经济体崛起带来的世界权力结构变化，成为全球经济治理改革中的重要议程。

在"全球性风险社会"形成、金融风暴席卷整个世界的情况下，"同舟共济"成为国际社会的共识。如何在讨价还价、重新分配权力和责任的同时通过全球治理共同管控全球性问题、避免世界性灾难，成为西方国家和新兴大国共同面临的议题。"全球治理"的概念虽然已经提出多年，但截止到全球金融危机爆发的"全球治理"仍然并非真正意义上的"全球"治理，从本质上只是西方大国特别是美国主导下的"霸权治理"，[①] 但金融危机发生后，人们的迅速达成共识：世界经济失衡等全球性危机集中爆发已经使"霸权治理"陷入困境。

冷战结束后，美国凭借强大的综合实力和"孤独的超级大国"地位，依靠美元霸权和在国际体系中的制度霸权领导世界，世界秩序本质上是一种美国领导下的金字塔结构或"一超多强"格局。在这段"单极时刻"，美国有时与其他大国合作领导世界，有时则抛开其他国家通过"单边主义"追逐自己的霸权目标，后者在小布什时期更是达到登峰造极的地步。尽管人们对全球金融危机对美国会造成何种程度的冲击并没有一致的观点，但其作为危机肇始国，综合实力受到削弱则是不争的事实。奥巴马执政后从小布什的单边政策回归多边主义，与其说是执政理念的调整，毋宁说是穷兵黩武、透支国力的单边领导政

---

① 庞中英：《霸权治理与全球治理》，《外交评论》2009 年第 4 期。

策难以为继的情况下作出的不得已的调整。在某种程度上，此种调整与尼克松上台后美国在全球实施的战略收缩、要求盟国承担更多责任的政策存在相似之处。受到金融危机冲击的美国，今后将不得不更多地与其西方伙伴和中国等新兴大国分享国际领导权；在同一阶段，经历了"失去的二十年"的日本，虽然仍是西方世界中美欧之外最大的经济体，但其经济总量已被中国超越，2011 年"3·11"地震给其带来的重创在短时间内也难以恢复，使其元气大伤。这个居于东方的传统"西方国家"对未来世界秩序的影响力已经大大下降，且有可能随着国际权势的转移而真正转向"脱欧入亚"，并加速国际权势转移本身的速度；20 世纪 90 年代以来，欧洲国家通过加速一体化提升了自身的国际地位，建立了欧盟和欧元区，甚至出台了《欧盟宪法条约》试图迈向更紧密的联合体，从而一度使欧盟作为一个整体成为"多强"中最突出的行为体。然而，在全球金融危机的影响下，欧洲陷入一场史无前例的债务危机之中。由于欧洲的危机植根于自身体制，且无法像美国一样依靠霸权抵消或转移危机，欧盟作为一个整体被削弱的程度要远比美国严重。在危机真正解决之前，欧盟的国际行为能力和实力都将大为下降。由于欧债危机持续发酵，欧盟史无前例地允许 IMF、G20 甚至新兴经济体介入欧元区危机的解决。这标志着传统国际治理中"治理者"与"被治理者"的界限开始变得模糊，真正的"全球"治理或全球共治时代即将开启。

在此背景下，美国等西方国家主导的国际金融架构丧失了合法性和有效性，既有世界治理模式难以为继，主动或被动的变革势在必行。美国和欧洲作为全球性问题的制造者和危机的中心，为了解决全球性问题和自身危机，必须依赖中国等新兴大国的支持，因而不得不与其分享领导权。其方式一是通过新机制的诞生。G20作为应对全球金融危机主要平台的诞生，是其中最为重要的案例；第二种方式是通过对现有制度加以改革，将部分权利让渡给新兴经济体和发展中国家。比如，在危机应对中扮演着重要角色的IMF经过2008年和2010年的两次改革，向新兴经济体转移的份额累计达到10%左右；根据2010年11月通过的改革方案，中国出资份额比重由2.398%增至6.394%，投票权也从3.086%上升到6.07%，排名跃居第三位，而在2008年该机构首次改革之前，中国作为世界最大的发展中国家，投票权重仅仅排在第11位。世界银行作为另一重要国际金融组织，也在2010年4月将中国的投票权从2.77%增加到4.42%，中国超过德国、英国和法国，成为美、日之外的第三大股东，印度的权重也从2.77%增至2.91%，位列第七。以上情况表明，新兴国家在全球金融体制中的地位已经有所提升。

然而，由于美国依然掌控着国际金融霸权和制度霸权，且具有很强的自我调节能力，美国的衰落、国际权势转移和新的世界秩序的形成，将是一个缓慢的过程。一方面，由于美元在国际货币体系中不可取代的霸权地位，美国不仅可以向其他国家征收高额的铸币税，而且可以通过量化宽松政策增发美元，轻易地将自身危机转嫁到其他国家，让全世界为其经济问题和过度消费买单。国际货币体系不改变，美国就不会丧失自身的霸权地位；另一方面，美国依然是联合国、世界银行、IMF和G20等多数国际制度中最具影响力的国家。欧美主导下的IMF尽管已经两次大规模扩大了发展中国家的代表权，但针对不同的国家却时常奉行宽严不一的双重标准，其领导人遴选也由欧美一手操控，在很大程度上成为维护西方利益的工具。正是依靠这种"制度霸权"，美国等西方大国集团掌握着世界事务的发言权和决策权，依然按照自己的意志治理着世界。

作为现有国际秩序的维护者和既得利益者，美国和其他西方大国绝不愿意看到自身领导权旁落，甚至试图在这一过程中加强和巩固自身的权势。《纽约时报》专栏作者伊安·布莱默 (Ian Bremmer) 和戴维·戈登 (David Gordon) 将当前新兴经济体的崛起称作"他者的崛起" (rise of the different)，以便同 1945—1990 年西方世界内部日本、德国等"余者的崛起" (rise of the rest) 相区分，折射出西方对新兴国家认同感的缺失和对"非我族类"主宰国际秩序的深刻忧虑。① 在西方集团"霸权护持"战略下，新兴国家试图通过在现有国际制度内推动改革争取决策权的努力很难取得根本突破。比如，在金融危机后，发展中国家试图推出自己的代表担任世界银行和 IMF 领导人的努力，都因为西方国家的联合阻挠而最终失败，从而使美国和欧洲国家得以继续维持延续了半个多世纪、平分世界银行和 IMF 两大国际金融机构领导权的格局。美国和欧洲国家在新兴的 G20 中的优势地位也表明，发展中国家参与全球治理时，不得不继续面对西方的相对优势。G20 仍然不过是西方大国与新兴国家妥协的结果、对话的平台以及管控全球性问题特别是金融危机的一种尝试。作为一个缺乏强制力的开放性会议机制，有效性的缺乏可能危及其作为全球治理长期制度的合

---

① Ian Bremmer and David Gordon, "Rise of the Different", see:http://www.nytimes.com/2012/06/19/opinion/rise-of-the-different.html.

法性。它不是旧的世界秩序的终结，但可能成为缔造世界新秩序的开始。

正是在西方的阻挠下，迄今为止，传统国际经济治理的核心架构仍没有出现根本变动。由于欧美国内拒绝批准，世界银行和国际货币基金组织通过的改革方案并未得到有效落实。这一现实也引起了新兴大国的日益不满。在 2014 年 7 月巴西举行的金砖国家第六届峰会中通过的《福塔莱萨宣言》中，金砖国家明确表达了对国际金融制度改革受阻的强烈不满，公开声明"对 2010 年国际货币基金组织（IMF）改革方案无法落实表示失望和严重关切"，并督促"IMF 应研拟推动改革进程的方案，以确保提高新兴市场和发展中国家的话语权和代表性"，强调"推动世行治理结构更加民主""尽快开展世界银行集团下一轮股权审议"；① 在此次会议中，金砖国家还引人注目地决定成立自己的开发银行和应急储备基金。在不少西方大国中，该措施被视作金砖国家在全球层面金融体系改革受阻之后的"另起炉灶"之举。

在金砖国家的推动下，2014 年 11 月举行的 G20 布里斯班峰会，在最后公报中也明确宣称"如果美国在 2014 年底前仍未批准 2010 年 IMF 改革方案，我们要求 IMF 立即研拟下一步行动方案"。② 然而，IMF 的改革方案仍未能在公报限定的时间内获得通过。在 2015 年 7 月召开的乌法峰会中，金砖国家再次在宣言中对此进行了更严厉的谴

---

① 《金砖国家领导人第六次会晤福塔莱萨宣言》，新华网，http://news.xinhuanet.com/world/2014-07/17/c_126762039.htm。

② 《二十国集团领导人布里斯班峰会公报》，新华网，http://news.xinhuanet.com/2014-11/17/c_1113269292.htm。

责，集体声明"我们对美国迟迟未能批准国际货币基金组织 2010 年改革方案深表失望"。①

综上所述，虽然全球治理特别是金融体系领域的改革已经启动，但进展并不顺利。在全球治理体系中，以金砖国家为代表的新兴大国仍然处于有实力而无权力的尴尬境地。西方发达国家掌控两大国际金融组织的局面并未发生本质改变：欧美仍是两大国际经济组织的最大股东，而由美国人担任世界银行行长、欧洲人担任国际货币基金组织主席的传统，也仍在延续。这表明，欧美作为西方世界两大组成部分构建的"合作霸权"，仍是当前全球经济治理体系的基础。新兴大国争取全球治理领导权的斗争仍然任重道远。

当前国际体系中作为"造反者"和"革命者"的大国的缺失，决定了人类历史很有希望第一次通过和平的方式缔造新的世界秩序。旧秩序的领导者和新兴大国虽然存在着尖锐的矛盾和斗争，但都共处于一个更加相互依赖和全球化的世界，在一定程度上结成了"命运共同体"，因而在相互博弈的同时，也需要"同舟共济"，通过加强合作管控世界事务。全球治理成为各国共同的需要，但同时也成为这些国家角力的新战场。新的世界秩序能否更加公正、和谐和更具分享性，取决于各方在这个新战场上角力的结果。

传统国际经济治理核心架构没有发生根本变化的原因之一，还在于新兴经济体在很长时间内没能建立"自己的"具有重要影响力的货币金融组织。近年来，中国联合其他新兴经济体发起的"三大国际银

_____

① 《金砖国家领导人第七次会晤乌法宣言》，新华网，http://news.xinhuanet.com/world/2015-07/11/c_1115889581.htm。

行"倡议正在改变这一局面。① 亚投行等"三大国际银行"的筹建，能够利用集体财力资助成员国基础设施项目建设，这种"集中力量办大事"的合作形式，无疑有益于成员国共同实现"包容性增长"。当然，"三大银行"的筹建并不意味着新兴大国在全球经济治理中"另起炉灶"，或有意同西方大国进行政治经济对抗。以亚投行为代表的新生金融工具是以积极参与者和温和改革者，而不是对立者和挑战者的姿态，来参与当前全球经济治理及其改革的。在此背景下，它们对世界银行和国际货币基金组织而言，不是挑战，而是有益的补充。

在 2008 年金融危机发生几年后，新兴经济体内部变化给世界政治经济秩序转型和治理权再分配带来了更多不确定性。本世纪初始，当高盛公司的经济学家奥尼尔提出"金砖"概念时，金砖国家的经济总量只相当于西方七国集团的 10%。十余年过后，这个比值已经变为 50%，按照购买力平价计算，二者甚至已经旗鼓相当。2008 年全球金融危机发生后的大约五年时间中，金砖国家的经济虽然也受到了不同程度的冲击，但相比而言表现出色，并成为世界经济复苏的主要引擎。然而，当人们已经在纷纷谈论"后危机时代"时，金砖国家的经济增速却集体放缓，并面临着各自的难题。一时间，"'金砖引擎'面临大修""金砖褪色只剩砖"之类的观点又在不断涌现。无论这些观点是一叶知秋式的先见，还是耸人听闻的过度推论，抑或是别

---

① "三大国际银行"除了亚投行，还包括 2014 年 7 月金砖国家福塔莱萨峰会决定筹建的金砖国家开发银行，以及 2014 年上海合作组织杜尚别峰会决定加快成立、目前仍在酝酿之中的上海合作组织开发银行。中国在"三大国际银行"倡议中均是主要的发起者。

有用心的恶意唱衰，以"金砖俱乐部"为代表的新兴经济体的确面临着新的严峻挑战。在这种背景下，中、俄、印作为地处亚欧大陆关键位置、规模最大的三个新兴经济体，特别是中国如何通过经济创新推动世界经济复苏，不仅关乎自身和所在区域命运，也关乎世界未来的走向。

3. 历史地理坐标中的亚投行

亚欧大陆是当前国际大变局的主要动力源头，而作为域外霸权的美国和区域内的中国、俄罗斯、印度等，在其中扮演着关键角色。理解亚投行创设的重大历史意义，还需要将其置于亚欧大陆的特殊历史地理坐标之中。

大航海时代发现新大陆后，人类才开始对于自身生活的世界有了全面的认识。地球表面除大部分被水域占据，世界由七大洲构成。不过，如果以俯瞰地球仪的方式审视，这些大洲也可以被看成是若干个巨大岛屿。其中，亚欧两洲最为特殊，它们是唯一一块没有被天然或人工水域隔断的大陆。因而，亚欧两洲之间的区划更多是依据历史文化因素而非天然地理进行的人为"建构"。

亚欧大陆不仅是人类生存繁衍的最大陆地，也谱写了世界文明史的主体部分，并始终是世界政治的主要角力场。从古罗马帝国、波斯帝国到大英帝国以至亚欧之外的美国，从亚历山大的马其顿到忽必烈的蒙古以至希特勒邪恶的"第三帝国"，其追求世界霸权时的主要着力点均在亚欧大陆。在最近半个世纪，由于美国成为世界头号强权，几千年来世界政治经济中最具影响力的国家首次不再来自亚欧大陆。即便如此，美国前国家安全事务助理布热津斯基仍将亚欧大陆内的博弈视作决定世界政治的"大棋局"。

自近代以来，世界发生了两次区域性的国家群体性崛起和两次洲际权力转移。大航海、文艺复兴和工业革命促生了亚欧大陆西端国家的群体性崛起。数百年后，由于侧翼大国美国的崛起，在大西洋两岸发生了第一次洲际权力转移。不过，在美国居于权力之巅不久，以日本和"亚洲四小龙"为代表的东亚经济体开始崛起，而冷战后中国实力的持续迅猛增长，则是亚欧大陆东端国家群体性崛起浪潮中更大的冲击波。此次冲击波还可以包括印度和俄罗斯。当前仍在加速进行的亚欧大陆东端区域性群体性崛起，囊括了"金砖五国"中的三国，构成了当前流行的"亚太世纪""新兴经济体"等说法的主要支撑。与此同时，世界第二次洲际权力转移正在太平洋两岸发生。

从宏观的历史视角看，两次区域性的国家群体崛起分别发生于亚欧大陆的两端，而当第二次洲际权力转移完成后，世界政治经济的重心将重回亚欧大陆。当然，世界权力转移只是一个相对的概念，正如失去世界中心地位的欧洲仍然举足轻重，美国的全球影响力并不会在第二次洲际权力转移完成后丧失。不过，随着亚欧大陆东端国家群体性崛起和第二次洲际权力转移的加速，新的世界政治的面貌将更多地由亚欧大陆国家塑造，而对于正在引领新兴经济体崛起的中国而言，亚欧大陆无疑是"安身立命之所，发展繁荣之基"。

不过，在历史上两次区域性国家群体性崛起发生后，亚欧大陆面临的一个基本事实在于，其东西两端之外的广阔中间地带，特别是其中幅员辽阔的亚洲部分在经济发展等方面的滞后，已经成为影响亚欧大陆整体繁荣稳定的主要因素。半个世纪之前，亚洲的 GDP 总量仅占世界的 5% 左右，目前则上升至 27%，但这种数字增长主要是由"亚洲四小龙"和中国大陆等东部经济体支撑起来的，亚洲广大中西部国家和地区在世界经济中所占的份额仍然微乎其微。

在全球金融危机爆发的 2008 年，新加坡前外长、驻联合国大使马凯硕（Kishore Mahbubani）出版了其新著《新亚洲半球：势不可挡的全球权力东移》，断言亚洲的崛起将重塑世界政治经济的基本面貌；[①] 同一年中，新加坡"国父"李光耀也发表了《世界经济的中心是亚洲》的文章。尽管西方世界在当时对这类观点并未给予足够重视，但在不到十年的时间内，已经有越来越多的学者认可了这种观点。人们关心的问题开始从亚洲能否崛起，逐渐转向了其以何种方式崛起，而亚洲中西部地区如何实现政治经济稳定并摆脱落后面貌，则成为一个至为关键的问题。

二、中国与外部世界关系的转换

在新中国成立至改革开放之前，中国与西方世界基本隔绝；改革开放以来，主动融入西方主导的世界秩序成为中国与外部世界关系的主线。不过，经过三十余年的发展，中国与外部世界的关系正在逐步

---

① 参见马凯硕：《新亚洲半球：势不可挡的全球权力东移》，刘春波、丁兆国译，当代中国出版社 2010 年版。

由"世界开放中国"转变为"中国引领世界的开放"。当前，作为第二大全球经济体和最大的新兴经济体，日渐壮大的中国被赋予了更多的全球和地区责任，正在尝试通过"奋发有为"的新外交引领世界规则的制定。亚投行既是中国与外部世界关系变化后的产物，也是这种变化过程的一项重大标志。

1. 从世界秩序的参与者到规则制定者

改革开放三十多年，特别是新世纪以来，中国的国家综合国力发生了让全世界瞩目的变化。从纵向看，中国正处在历史上发展速度最快的时期。在 21 世纪的前十年中，中国经济在世界中的排名连续超越了几个老牌的资本主义发达国家。2007 年中国对世界经济增长的贡献率超过美国跃居世界首位。2008 年全球金融危机发生后，中国经济虽然也受到负面影响，但率先实现了经济复苏，对世界经济走出危机作出重大贡献。2010 年更是超越日本成为世界第二大经济体。经济的迅速发展无疑大大提升了中国的综合实力，为中国国际地位的提升奠定了物质基础。从横向看，中国是新兴经济体的领跑者。随着中国和平发展不断取得新成就，"中国模式""北京共识"等词汇成为国际社会的流行语，表明中国的国际影响力和"软实力"不断增强，也彰显了中国特色社会主义的强大生命力。国际环境的变化使中国在国际体系中的重要性进一步提升。与此同时，我国也在通过广泛参与全球和区域合作、承担全球治理责任，更全面和深入地融入世界。

以 2008 年 G8 扩展为 G20 为标志，人类已经进入"G 时代"。"G时代"的新兴国际组织虽然也被冠以"集团"之名，但和传统大国政治中以国家间结盟为特征的封闭性集团存在显著差异。它们不具有排外性，针对的不再是其他国家或国家集团，而是成员国所面对的共同问题乃至全球议题。实际上，符合这个特征的新老多边组织都可以被视作一种"GX"，比如，"金砖集团"实际上就是 G5，它和传统的G7 或 G8 都是目前 G20"大多边"中按照一定标准划分出的"少边"或"小多边"；作为一个开放性论坛的 APEC，虽然成员不全是国家，但也可以被视作特定区域范围内的"G21"。

进入"G 时代"，能否取得"G"资格以及在其中发挥何种作用，已经成为检验大国"成色"的试金石。在冷战结束前的权势政治斗争中，如何在各种联盟中取舍站队，决定着大国在"丛林政治"中的生存境遇；而在当今相互依存的世界政治经济中，怎样在新兴的"GX"中有所作为，也会在很大程度上影响大国在"地球村"中的话语权和发展环境。

我国对多边外交参与的日益增多，既是世界政治经济发展形势使然，也是自身实力提升之后主动融入世界的必然选择。从世界政治经济发展的大趋势看，全球化的深入发展特别是 2008 年世界金融危机的发生，使人类面临的全球性挑战急剧增长，任何国家都无法单枪匹马地解决全球性问题。在诸如应对金融危机、实现经济可持续发展之类的全球性议题推动下，"二十国集团""金砖集团"等多边框架应运而生。

中国国力的不断增长要求我们不但要主动融入世界，还要在其中拥有更大的话语引领权和规则制定权。改革开放前，我国基本上孤立于西方主导的国际体系之外；此后，我们虽然加入其中，但在很大程度上仍是既有规则的被动接受者。进入"G 时代"后，在多边大舞台上发出自己的声音，不仅是中国作为大国的责任，也已经成为我国争取良好外部发展环境的迫切需要。从北京 APEC 会议中将"一带一路""互联互通"等中国国家战略融入地区共同战略之中，到在 G20 峰会中话语权不断增强并获得 2016 年峰会主办权，特别是以亚投行为代表的"三大国际银行"倡议的提出及其实施，都标志着中国已经成为全球多边框架中越来越重要的一边。

2. 中国的全球和地区责任

当前，"全球化"趋势日益加剧，全球性危机层出不穷，直接危及国家安全、国际安全和人类安全。这些挑战的波及范围和深度已经超越传统国界，超出单个国家应对的能力，我们已经身陷"风险社会"。"全球化"趋势日益深入，且脆弱性和敏感性不断增强。表现在：其一，全球性问题继续累积并且以加速方式迸发，远远超越以前的问题数量；其二，全球性问题影响范围日益扩大，影响程度越来越深入；其三，不同种类的全球性问题开始"结合"起来共同侵蚀国际安全和人类安全。全球性问题的上述三个侧面挑战着单一化的问题应对模式，同舟共济已经成为所有国家的共同需要和客观需求。

随着我国实力的增强，国际社会中"中国责任论"的呼声越来高。进入新世纪以来，中国综合国力、国际竞争力、国际影响力已经迈上一个大台阶，面对国际上持续的要求中国承担更大国际责任的压力，中国也在积极构建一个"负责任大国"的形象，努力为维护世界和平、促进共同发展承担应尽的责任，在国际事务和全球治理中承担更大责任，作出更大的贡献。国际社会向中国投来的目光中，既有欣赏，也有疑虑；既有赞扬，也有批评，当然更多的是期待。期待中国在自身快速发展的过程中，为维护世界和平、促进共同发展承担应尽的责任，作出更大的贡献。中国如何在国际社会迈着和平发展的坚定步伐，如何在国际社会发挥更大的作用，呼唤着中国外交的创新。呼唤我们重新思考中国既有战略中哪些部分可以继承和发展，哪些部分需要改革，哪些部分需要舍弃，从而尽快形成一种科学、理性的整体战略规划，维护于我有利的外部环境，为顺利实现"两个一百年"奋斗目标和"中国梦"打好扎实的基础。

中国重蹈大国崛起带来冲突甚至战争的旧路，还是走和平发展的新路，决定着中国的国际秩序观的基本内容。无论是关于避免"修昔底德陷阱"的明确阐释，还是为构建"新型大国关系"进行的不懈努力，都表明在不冲突、不对抗前提下与世界各国和谐共处，是中国对外部世界的基本态度。这表明，中国不会成为现存国际秩序的激烈挑战者和"革命者"，而只会成为负责任的积极建设者和温和"改革者"。当然，随着中国的发展，中国将不可避免地承担更多的国际责任，也需要以更加积极的姿态参与国际事务及国际体系改革。

在国际政治局势趋紧和全球化转型的双重背景下，国际油价等战略资源大幅震荡，人民币升值面临巨大外部压力，新兴经济体正在承受国际环境变动带来的巨大冲击；从国际治理结构看，由于西方的"制度霸权"难以打破，世界银行和国际货币基金组织对新兴国家经济发展的支持力度仍然不足，且常伴随一些西方大国设定的政治条件，由此，它们并不能为新兴发展中国家提供"实现包容性增长的可持续解决方案"。作为最大的新兴市场，在新兴大国与发达国家的角力中，我国已被置于争端的前沿位置。

近年来，中国对亚洲经济增长的贡献率达到了50％左右；至2014年底，中国的外汇储备达到了24万亿人民币，民间储蓄则达到了49.9万亿人民币，均位居世界第一。此外，自1992年以来，中国每年均将8.5％—9％的GDP用于基础设施建设，在相关领域积累了丰富的经验。因而，无论是从经济规模、资金和技术领域看，中国都有能力更有责任为亚洲经济的可持续增长作出更大贡献，而以筹建金融创新组织的方式提供公共产品无疑是最佳方式之一。

筹建亚投行也是新时期中国外交中新兴义利观的体现。改革开放以来特别是迈入新世纪以后，随着中国与发展中国家贸易、投资等经济往来日益紧密，中国与发展中国家利益联系增多、义利关系中"利"的层面在客观上被放大，已经成为一个不争的事实。随着中国国家实力的增强，有些发展中国家担心中国强大后会改变与发展中国家站在一起的立场，一些西方媒体也趁机混淆视听，污蔑中国搞"新殖民主义"，给中国与发展中国家的友好合作蒙上阴影。此外，地区合作的扩大和周边争端的增多，也要求中国在处理周边关系问题时掌握好义利之间的分寸与平衡。在这种背景下，义利关系问题已经成为中国外交领域，特别是处理同周边国家和广大发展中国家关系中的一个重大原则性问题。在中国实力迅速增长及其与外部世界关系发生重大变化的情况下，以习近平为总书记的新一届领导集体提出在外交工作中要坚持正确义利观，一再表示中国有义务对贫穷的国家给予力所能及的帮助，有时甚至要重义轻利、舍利取义。亚投行在体现中国在亚洲的道义担当的同时，也向世界表明中国不是国际体系中坐享其成的"搭便车者"，而是将以更加积极的姿态参与国际事务，成为和平发展的实践者、共同发展的推动者、多边贸易体制的维护者、全球经济治理的参与者。

3. 新时期中国的"奋发有为"外交

在新时期中国领导集体的外交战略中，习近平主席反复倡导的"命运共同体"理念居于重要位置。这一理念的提出，反映了中国新一代领导人对外部世界的新认知，也表明了中国走同其他国家和谐共生发展道路的决心。与此同时，以 2013 年 10 月高规格举行的周边外交座谈会上的新提法为标志，中国外交开始由强调"韬光养晦"步入更加突出"奋发有为"的新阶段。

新时期中国"奋发有为"外交的推进，需要对外部新环境变迁和国际议事日程的变化加以全面认识。2008 年开始的全球金融危机给世界经济带来了严重冲击，这种影响虽然随着全球经济的复苏逐渐趋弱，但危机导致的贸易保护主义兴起、激进政治势力上升、国家治理风险增大，以及由全球政治冲突加剧等多维中长期政治后果，仍在继续显现并给国际局势造成不利影响。近年来，世界政治发生的显著变化已经在很大程度上重塑了我国和平发展的外部环境，也让"命运共同体"理念面临着严峻的现实考验。

在当前新旧版本的全球化转型过程中，国际贸易摩擦很可能继续增多，贸易壁垒也会以各种新的面貌不断涌现。在全球多边贸易领域，多哈回合总体进程陷入停滞，欧美试图通过推进具体领域的贸易协定和巨型自由贸易区主导区域合作，掌控国际贸易、服务和投资的新规则制定权。发达国家和新兴大国之间围绕国际话语权和世界经济治理权的争夺将更趋尖锐。哈佛大学著名的经济学家丹尼·罗德里克在（Danny Roderick）指出，开放是现代经济发展的重要因素，但并非充要条件。特别是对于新兴经济体而言，当其国内经济发展到一定程度之后，如果缺乏与开放相配套的政策和制度安排，开放政策本身就会逐渐丧失其对经济发展的促进作用。因此，对于新兴经济体而言，制定出有效的投资战略特别是创设相应的制度性安排，才能够让开放长期起作用。

在机遇与挑战并存的背景下，以经济合作推动同有关各国政治等各领域关系全面改善，顺应了全球化和国家间相互依赖增强的总体趋势，同时有利于化解我国在安全等领域面临的外部挑战，因而应当成为我国对外关系的重心。在这种背景下提出的"一带一路"倡议和亚投行方案，已经成为中国"奋发有为"外交的重要标志，也是在实践层面关于"命运共同体"理念的最生动诠释。

亚投行虽然只是一个区域性金融创新组织，但对中国外交而言，却具全局意义。由于"命运共同体"在现实世界中仍然缺乏"利益共同体"和"价值共同体"的足够支撑，传统政治和军事斗争仍然远未退出历史舞台。2015 年 5 月 26 日，国防部发布的《中国的军事战略》国防白皮书在分析国家安全形势时，即明确罗列了美国推进亚太"再平衡"和强化地区军事同盟、日本谋求摆脱战后体制和调整军事政策、邻国挑衅性举动和非法"占岛"行为等我国国家安全领域面临的一系列挑战。应对这些安全挑战，加强军队建设和提升国防能力固然不可或缺，但美欧与俄罗斯对峙带来严重后果的教训表明，在对外关系领域采取针尖对麦芒式的军事或经济对抗，并不能有效地维护国家利益，也难以从根本上改善国家安全环境。

马克思曾指出："当刺刀碰到了尖锐的经济问题，也会变得像软绵绵的灯芯一样。"在当前世界政治经济秩序的复杂变局之中，这句名言的价值得到了前所未有的彰显，它给现时代的国际政治带来的启示在于：推动国际经济合作已经成为国家改善自身安全环境的有效做法。当前，加强军事同盟是美国推进战略"再平衡"政策的重要内容，这种做法无疑给中国周边安全带来了巨大压力。但如果我国把军事和政治斗争作为主要应对措施，必然使两国关系面临更大的冲突风险。我们当然不能把这种背景中的亚投行筹建或"一带一路"倡议，简单解读为应对美国战略重心东移的"战略西进"之举，但它们的实施，无疑有助于缓解我国在安全领域面临的压力，也将成为中国"以柔克刚"传统智慧的一次成功现代演绎，特别是有助于我国加强在区域贸易和金融治理中的规则制定权。

综合而言，在全球化和相互依赖不断增强的时代背景中，中国的"奋发有为"新外交应当牢牢把握促进国际经济合作的重心，避免与大国发生对抗和冲突，并逐步和平地争取在全球治理中发挥更大作用，而亚投行已经成为其中一个至为关键的载体。

亚投行也是中国在外交领域更趋务实的反映。二战特别是冷战结束以来，随着各国相互依赖的加深和交往的日益频繁，"外交"这个原本内涵较为固定和单一的词汇被贴上了诸多新标签，"意识形态外交""务实外交""元首外交""经济外交""多边外交"等说法不断涌现。以上几种说法中，后三种更多是外交的形式或手段，相互之间并不矛盾，但"意识形态外交"和"务实外交"都更多是对一国外交总体风格的描述，且两者之间有时会发生矛盾。当意识形态被过度放大，甚至由此影响到国家对自身利益的判断时，奉行"意识形态外交"就可能损害到本国的利益。与意识形态外交相对应的"务实外交"，强调在遵守国际关系基本准则的前提下，尽最大可能维护和拓展本国利益，"经济外交""金融外交"等往往是其主要手段。进入新世纪，"务实外交"在我国对外交往中得到前所未有的体现，而亚投行建设也已经成为其中的突出案例。

三、历史节点中的亚投行

亚投行虽然由中国发起，总部设在北京且由中国人担任首任行长，但其本质仍然是一个国际（地区）多边金融机构。中国在掌舵亚投行过程中，需要站在历史节点上审视自身发起的这个创新型金融组织，吸取此前区域性金融合作构想失败的教训，妥善处理好与西方大国的关系，在察势、顺势、造势的基础上推动其发展壮大。

1. 亚投行的前车之鉴

尽管中国绝没有通过亚投行掌控世界或亚洲金融霸权的意图，也不宜对亚投行的成立作过度的政治解读，但当这一在特殊历史节点中成立的金融组织被置于复杂的世界政治经济棋局中时，它本身已经不是一个单纯的经济问题，而演变为一个同国际关系特别是大国力量较量密切相关的政治问题。美国、日本等国家对亚投行的担忧乃至或明或暗的反对，更多是出自政治层面的考量。

实际上，亚投行并不是冷战结束后亚洲国家首次尝试建立区域性金融组织。在过去二十余年中，亚洲建立地区多边合作框架的构想，曾不止一次地因为美国的阻挠而遭遇曲折或归于失败。目前，亚投行的筹建虽然取得了重大成功，但其未来发展壮大过程中，仍然需要从前车之鉴中吸取教训，以便在世界秩序转换的敏感历史时期避免重蹈覆辙。

1990 年 12 月，马哈蒂尔提出了建立"东亚经济集团"（EAEG）的倡议。① 这一构想中的"东亚"基本囊括了太平洋西岸的所有东亚国家，却没有将美国纳入其中。他认为"东亚国家也应该建立自己的

---

① 这是马哈蒂尔在乌拉圭回合谈判失败后提出的主张。事实上，他还同时提出了"东亚经济共同体"（East Asian Economic Community, EAEC）的概念，因这一概念同样难以付诸实施，"Community"一词后被替换成"Caucus"，以使其有开放和松散的感觉。

经济联合体"，"以和美国和欧洲的影响力抗衡"。① 这当然引起了美国的强烈不满。美国前国务卿詹姆斯·贝克（James Baker）在回忆录中坦承克林顿政府的反应是"全力扼杀"马哈蒂尔的提议，尽管美国"在公开的场合对该想法态度温和"。②

为了避免美国的反对，1995 年 7 月，东盟第 28 次年会对马哈蒂尔的倡议进行了改造，提出"东亚经济核心论坛"（East Asian Economic Caucus，EAEC）的设想，目的在于讨论本地区各国感兴趣、利益相关的问题。但即便对这样一个松散的地区组织，美国仍然表示不满。马哈蒂尔后来表示它由于"被'有心人'阻挠而无法落实"。③

在 1997—1998 年亚洲金融危机的大部分时间中，美国大体采取了一种隔岸观火、坐视不理的态度。这让亚洲国家认识到，只有加强地区内的合作才能抵御在全球化中面临的风险，并直接导致了 1997年 12 月"10+3"合作机制的诞生。不过，当日本在 20 世纪末提出建立"亚洲货币基金组织"（Asian Monetary Fund，AMF）设想时，美国则出于担心损害西方主导的国际货币基金组织的作用，迫使日本放弃了这一想法，导致该倡议并未能产生太大地区影响，更未能付诸实施。

2005 年底，首届东亚峰会在没有美国参加的情况下在吉隆坡召开。尽管亚洲人只是创建了一个局部区域的开放性会议机制，但作

---

① 转引自陈奕平：《美国与东亚经济一体化》，第 6 页。

② 转引自王缉思、倪峰、余万里主编：《美国在东亚的作用观点及影响》，第296 页。

③ 《东亚经济核心组织胎死腹中，东协＋3 取而代之》，http://www.mytrade.com.my/malaysia/news/Y2002/M10/News_200210057.HTM。

为"域外霸权"美国的缺席，还是引发了广泛猜测。对此，美国人实际上也是满腹狐疑，最初持一种冷漠和抵触态度。正在新加坡访问的美国时任国务卿赖斯公开表示"对东亚峰会的封闭性和排外性感到忧虑"。直至五年之后，美国正式参会并成为观察员国之后，美国人才改变了对待该合作框架的消极立场。

当然，对于可能影响到美国利益的亚洲区域合作倡议，美国既有其一以贯之的原则立场，不同历史时期的具体应对策略又呈现出一定的变化。奥巴马上台后试图消除单边主义政策给美国带来的困境，在对待存有疑虑的区域合作制度时，也在一定程度上调整了消极抵制甚至"逆我者亡"的武断做法，转而更加强调通过"参与和塑造"的办法维护美国利益，有时甚至会直接加入其中谋求领导权，以便实现"为我所用"。

以上历史经验表明，美国的态度对于亚洲区域合作制度建设的成败至关重要，但美国的全力支持，并不总是某种合作制度得以创建和正常运转的必要条件。究其根源，主要可以归结为两个方面：其中一类情况是，尽管美国对于亚洲内部提出的某种合作制度存有疑虑，但在完全判明其有损自身重大利益之前，没有激烈反对或强行干预，而是采取了一种谨慎观望的态度。这就为并不被美国欢迎的某些新生制度的创设，提供了一定的空间；另外一种情况是由于美国在亚洲的霸权是一种不完全霸权，而亚洲又过于广袤多样，对于亚洲多数国家共同发起的行动，美国的反对并不总是有效的。

2. 亚投行如何与霸权共处

经验表明，亚投行组建及其今后运作，在国际关系领域遇到的最棘手、最核心的问题是如何在美国霸权阴影下成长。实际上，自2014年10月首批意向国在北京签署筹建协议起，亚投行就已经成为美国人的一块"心病"。虽然，美国并未公开对其表示激烈反对，但在媒体的广泛报道中，奥巴马政府一再试图阻止韩、日和多个欧洲盟友加入该组织的行为，已经不是什么秘密。当欧洲多国不顾美国反对纷纷加入其中之后，奥巴马虽然转而表示欢迎亚投行，但其表态发言中还是流露出了显而易见的保留和疑虑。

亚投行之所以会成为奥巴马政府挥之不去的"心病"，是因为从某些角度看，这样一个组织可能会同时触及美国两根最敏感的神经：全球金融霸权和东亚地区领导权。

二战结束后，美国通过布雷顿森林体系确立了自己在西方世界的金融霸权。当然，美国拥有金融霸权，并不意味着它能够独享国际经济领导权。作为布雷顿森林体系的基础，美国垄断世界银行、欧洲垄断国际货币基金组织的传统一直延续至今；在亚洲，则是美国的盟友日本垄断着亚洲开发银行。不过，美国允许盟友分享国际金融领导权的同时，对其他任何可能影响到美国金融霸权的竞争性经济组织，都保持高度警惕。美国对亚投行的主要顾虑，在于担心它会成为自己主导的世界银行的竞争者。正因如此，当其发现难以扼杀该组织后，奥巴马立即提议亚投行与世行开展合作。

美国对亚投行的另一个担心，在于该组织会成为亚洲绕开美国开展地区合作的工具。美国虽然不是亚洲国家，但却堪称是亚洲的"域外霸权"。为了维护自己的这种霸权，美国一直坚持搞跨太平洋的"亚太合作"，而对亚洲内部自行组建合作机制则往往竭力阻挠。究其根源，美国是亚太合作的"局内人"和"天然领导者"，而在"亚洲合作"中，却可能沦为只能发挥间接影响的"局外人"。

尽管美国的反对曾导致某些亚洲合作制度胎死腹中，但简单地说美国反对亚洲搞区域合作，显然既不符合常识也有悖历史事实。恰恰相反，美国曾多次支持亚洲国家创设或参与某些新的合作制度。除了支持东盟一类的地区性组织，对于冷战终结之际成立、亚洲成员占据多数的亚太经合组织，美国也一贯积极推动。2005 年，新加坡、文莱、智利、新西兰四国共同发起跨太平洋伙伴关系，美国不但在不久之后加入其中，还积极向其他亚洲国家兜售该合作框架。目前，在亚太地区推广跨太平洋伙伴关系协议，已经成为美国的重要对外经济战略。亚太再平衡战略实施以来，力推"跨太平洋伙伴关系协议"（TTP）和"跨大西洋伙伴关系协议"（TTIP）便成为美国亚欧区域经济新战略的主轴。通过两个跨洋经贸合作协议，美国试图从亚欧大陆两端同时着手，分享亚欧区域经济发展的红利。

对于在亚洲拥有重大利益的美国而言，地区国家通过开展多边合作实现地区的繁荣稳定符合其自身利益，但前提是这种合作必须保持对美国的开放，或者至少不能试图排斥美国的影响。通过对比不难发现，美国支持的亚洲区域合作大多是在太平洋两岸之间开展的。实际上，从克林顿、小布什到奥巴马，都主张亚洲合作应该在亚太合作的大框架下进行，而不是在整个亚洲范围内形成自己独立的体系。强化亚太概念、弱化亚洲的地区意识，一直是冷战结束以来美国对待亚洲区域合作问题的基本立场。

亚洲合作与亚太合作的本质区别或核心问题是美国问题，是否把美国直接纳入区域合作进程，是亚太合作和狭义的"亚洲合作"的最大不同。美国出于自身利益考虑，希望在整个亚太范围内进行合作，而绝不希望广袤的亚洲变成欧盟、北美之外独立的庞大区域集团。因而，支持亚太合作，而对亚洲"自起炉灶"的多边合作框架有所保留，甚至公然反对，便成为美国的惯用政策。

奥巴马政府之所以对亚投行疑虑重重，首先是担心这是一种有可能脱离"亚太框架"的"亚洲合作"，进而成为亚洲绕开美国开展地区合作的工具。当然，更重要的是，如果这种"亚洲合作"被作为崛起大国的中国主导，可能会同时触及美国另一根敏感神经：全球金融霸权。二战结束后，美国通过布雷顿森林体系确立了自己在西方世界的金融霸权。当然，美国拥有金融霸权，并不意味着它能够独享国际经济领导权。作为布雷顿森林体系的基础，美国垄断世界银行、欧洲垄断国际货币基金组织的传统一直延续至今；在亚洲，则是美国的盟友日本垄断着亚洲开发银行。不过，美国允许盟友分享国际金融领导权的同时，对其他任何有可能影响到美国金融霸权的竞争性经济组织，都保持高度警惕。美国对亚投行的主要顾虑，还在于担心它会成为自己主导的世界银行的竞争者。正因如此，当其发现难以扼杀该组织后，奥巴马立即提议亚投行与世界银行开展合作。

鉴于历史镜鉴以及美国当前对亚投行的疑虑，中国不能将亚投行作为挑战现存国际金融秩序的工具，而应该将其定位为服务于区域发展的务实金融组织，并保持其对包括美国在内的外部世界的开放。只有这样，才能避免美国的反对，甚至赢得其一定程度的支持。

在亚投行创始成员国申请截止日期的临近之际，英、法、德、意、俄等多个欧洲大国先后加入其中。这意味着中国倡议的亚投行，不仅得到了亚洲国家的广泛支持，也已经在"西方八国集团"中赢得多数。传统的西方大国并不是铁板一块，亚投行迄今为止取得巨大成功的关键在于中国奉行了真正的多边主义；而一旦中国的动议能够在全球和西方多数国家中得到支持，美国即便心存疑虑，也难以单独通过强硬措施加以阻止。

3. 亚投行的成功需要顺势更要造势

美国的态度无疑是亚投行创建和运作中的一个阴影，但这并不意味着该组织完全是在逆水行舟。况且，美国的担忧在很大程度上并不符合事实。亚投行虽然最早由中国提议筹建，总部也设在北京，但其性质却是开放的多边合作框架。中国不可能成为也并不希望成为亚投行的垄断者；就性质而言，亚投行是一个应时而生、满足亚洲发展实际需求的务实经济组织。人们不应忘记"亚投行"的真正名称是"亚洲基础设施投资银行"。

亚投行是在西方特别是美国制度霸权的掌舵下进行的。亚投行之下的金融合作，不挑战西方霸权却又独立于既有体制，有益于推动传统的"国际经济治理"向真正的"全球经济治理"转型，也将有助于构建一种更为公平合理的国际政治经济新秩序。因而，亚投行本质上是中国牵头提供的一种为亚洲国家迫切需要的、补充性的国际公共产品，不会对于现行国际经济秩序带来冲击，也并不会成为当前国际金融体系的挑战者。

亚洲经济发展的实际需求是亚投行能够赢得广泛支持的坚实基础。据估算，今后十余年内，亚洲每年的基础设施投资需求高达7300亿美元，而这笔巨大资金是目前的世界银行、亚洲开发银行等国际多边机构都无法满足的。中国作为全球最大的新兴经济体，有责任为亚洲的共同发展出谋划策，贡献力量。为此，中国在APEC北京峰会期间承诺投资400亿美元设立"丝路基金"用于"一带一路"建设，展现了一个负责任大国的姿态，但亚洲基础设施建设的资金缺口仍然巨大，单靠个别国家的力量难以承载的。习近平主席在2013年10月提出筹建亚投行的倡议，契合了亚洲基础设施投资的实际需求，是对亚洲可持续发展问题察势基础上的顺势之举。

亚投行的未来成功之路离不开中国的关键作用，同时也需要众多国家的广泛支持。业投行的主要作用是为亚洲国家的基础设施建设提供稀缺的资金支持，亚洲各国尤其是资金匮乏的发展中国家都可能成为这个组织的受益者。不过，提供资金支持的国家却不必局限于亚洲内部，而是完全可以在全球募集资金。只有吸纳更多国家的广泛参与，才能更好地达到为亚洲国家"集中力量办大事"的目的。从这个意义上说，开放性正是维系亚投行活力的源头活水。

虽然，西方大国垄断国际金融组织的局面需要从根本上得到扭转，发展中国家特别是新兴大国需要为之进行不懈的斗争，且中国近年来提出的亚投行、金砖国家开发银行和上合组织开发银行"三大银行"设想，也都在不同程度上有利于打破西方的金融霸权，但与此同时，我们也应该看到，国际金融体系的改革是一个复杂的国际问题，不能将如此重大的担子过多放到亚投行肩上，那样只会压垮这样一个新生组织。

中国作为亚投行的最早倡导者和核心大国，在贡献资金和国家才智的同时，需要顺势更要为之造势。处于美国亚洲区域合作政策阴影下的亚投行，既需要化解来自超级大国的可能障碍，更需要通过合理的自身定位赢得尽可能广泛的国际支持，而后者在很大程度上也是消解各种障碍的办法。几年前，来华访问的美国时任国务卿希拉里曾公开引用过孟子的一段名言："山径之蹊间，介然用之而成路；为间不用，则茅塞之矣。"这段话意思是说，山中的荆棘小道，走的人多了，就会踏成大路；被众人遗弃不用，不久就会被荒草掩埋，彻底消失。希拉里当时引用这段话是为了阐释中美关系，而今天，这段话对于亚投行的创建和今后发展而言，具有同样的借鉴意义。

第五章
关于亚投行的一个 H（如何做）[*]

2015 年 6 月，《亚洲基础设施投资银行协定》在北京签署，域内 37 国和域外 20 国参加了协定签署仪式，但有 7 个国家没有在协定上签字，还需待年底确定是否签字。在协定签署次日，日经中文网一篇文章指出，亚投行成立似乎给中国拥有压倒性影响力的国际机构带了些出师不利的印象。^① 这似乎给亚投行的成立和运营带来一丝阴影。此外，从中国发起亚投行倡议起，美国、日本一直持否定或观望态度，迟至亚投行协定签署后，才表示谨慎乐观，但也会持续关注亚投行在项目运营方面是否可以达到各种国际标准。那么，亚投行究竟面临哪些内部问题，存在哪些外部挑战？中国与其他志同道合者又该如何应对？

---

* 此处 H 为英文单词 how 的首字母。

① 《亚投行是出师不利吗?》，日经中文网，2015 年 6 月 30 日，http://cn.nikkei.com/politicsaeconomy/economic-policy/15011-20150630.html。

一、"打铁还需自身硬"

2013 年 10 月，中国倡议建立亚投行，至 2015 年 6 月，亚投行协定签署，在不到两年时间内，一个拥有巨大影响力的、超区域性的多边金融机制就此产生。亚投行的成立似乎比较顺利，也似乎有些迅速。亚投行在成立过程中参考了诸多既存多边金融机构的设计架构，扬长避短，似乎解决了一些制度缺陷。但不可否认的是，亚投行依然存在若干内部问题，致力于做成亚投行的国家需要审慎思考、积极应对；或者说，需要在理念、制度以及管理方面有所创建。

1. 投票权与决策机制

据《筹建亚投行备忘录》，亚投行的投票权将以基本票和加权票为基础。基本票只面向创始成员国，以 GDP 规模计算而得的占比为基础，而加权票的分配以出资占比为基础。按照上述规则，愿意出资 50%（500 亿美元）的中国将成为第一大股东，印度则是第二大股东。据此，在 57 个意向创始成员国中，中国、印度、德国、俄罗斯、韩国、澳大利亚等将成为前几大股东。就区内外成员国持股比例而言，70—75% 由区内成员国供资，25%—30% 由区外成员国供资。① 伴随新成员国的加入，现有成员国持股比例将会同比例稀释。

---

① 王达：《亚投行的中国考量与世界意义》，《东北亚论坛》2015 年第 3 期。

但作为域内经济总量最大的国家，中国无疑将会继续保持最大股东的地位。

表 5.1　亚投行主要成员国出资额

单位：百万美元

域内	金额	域外	金额
中国	29780 ①	德国	4484 ④
印度	8367 ②	法国	3375 ⑦
俄罗斯	6536 ③	巴西	3181 ⑨
韩国	3738 ⑤	英国	3054 ⑩
澳大利亚	3691 ⑥	意大利	2751
印度尼西亚	3360 ⑧	西班牙	1761
土耳其	2609	荷兰	1031
沙特阿拉伯	2544	波兰	831
伊朗	1580	瑞士	706
泰国	1427	埃及	650

资料来源：日经中文网：《从亚投行各国出资额看中国影响力》，2015 年 6 月 17 日。

表 5.2　亚投行主要出资国投票权（前 10 位）

国别	投票权
中国	26.06%
印度	7.51%
俄罗斯	5.93%
德国	4.15%

续表

国别	投票权
韩国	3.5%
澳大利亚	3.46%
法国	3.19%
印度尼西亚	3.17%
巴西	3.02%
英国	2.91%
合计	62.90%

资料来源：彩新网：《图解：亚投行各国投票权如何？》，2015年7月4日。

表5.1显示，域内6国和域外4国将成为亚投行前十大股东。财新网根据已经公布的各创始成员国认缴股本情况以及投票权的算法，测算出亚投行各国的投票权，中国的投票权最高，为26.06%，印度投票权约为7.51%，俄罗斯投票权近6%，德国是域外国家中拥有最大话语权者，占4.15%。[1]（见表5.2）

根据以上数据，美日等国指责中国将在亚投行谋求一票否决权。中国多次指出中方在亚投行寻求或放弃"一票否决权"是伪命题。亚投行决策机制将创建更为创新的协商机制，而不是一票否决制。亚投行首席谈判代表、中国财政部副部长史耀斌曾表示，所谓中方寻求或放弃一票否决权是一个不成立的命题。亚投行决策机制和股份分配是亚投行章程的内容，目前各方正在进行磋商。[2] 目前来看，亚投行的

[1] 中商情报网：http://www.askci.com/finance/2015/07/04/1536204d7r.shtml。

[2] 《中方放弃一票否决权是伪命题》，《中国日报》2015年3月26日。

角色机制将建立在民主、公开、透明的协商之上，使亚投行成为谋求亚洲福祉的机构而非成为实现某个国家利益的外交政策工具。对中国而言，如何在多边框架下既发挥大股东的影响力，同时又避免树立美国"一票否决"式的投票权威，引起某些国家的担忧，是一个考验中国智慧的重要问题。

2. 管理机制

根据亚投行协定，其管理机制包括理事会、董事会、管理层三层。理事会为银行的最高权力机构，根据亚投行章程授权董事会和管理层一定的权力。在运行初期，亚投行设非常驻董事会，每年定期召开会议就重大政策进行决策。亚投行还将设立行之有效的监督机制以落实管理层的责任，并根据公开、包容、透明和择优的程序选聘行长和高层管理人员。[①]

理事会是亚投行的最高决策机构，拥有亚投行的一切权力。理事会可将其部分或全部权力授予董事会，但以下权力除外：吸收新成员、增减银行法定股本、中止成员资格、裁决董事会对本协定的相关解释或适用提出的申诉、选举银行董事并决定其薪酬或支出、任免行长并决定其薪酬、批准银行总资产负债表和损益表、决定银行储备资金及净收益分配、修订本协定、决定终止银行业务并分配银行资产、行使本协定明确规定属于理事会的其他权力。

[①] 高鹏：《亚投行的建立背景、面临挑战及对策》，《金融与经济》2015 年第 5 期。

董事会负责亚投行的总体运营，为非常驻，除非理事会另有规定。其权力包括理事会的准备工作、制定银行政策、就银行业务作出决定、监督银行管理与运营并建立监督机制、批准银行战略、年度计划和预算、视情成立专门委员会、向理事会提交每个财年的账目等。董事会共有 12 名董事，其中域内 9 名，域外 3 名。亚投行设立行长 1 名，从域内成员产生，任期 5 年，可连选连任一次。同时设立副行长若干名。①

理事会采用简单多数、特别多数和超级多数原则进行决策。简单多数指投票权的半数以上；特别多数指理事人数占理事总人数半数以上，且所代表投票权不低于成员总投票权一半的多数通过；超级多数指理事人数占理事总人数三分之二以上，且所代表投票权不低于成员总投票权四分之三的多数通过。理事会讨论的所有事项，均应由所投投票权的简单多数决定。选举行长、增加资本金、修改协定、下调域内出资比例等重大事项均需要以超级多数批准，吸收新成员则采用特别多数原则批准。除亚投行协定另有明确规定外，董事会讨论的所有问题，均应由所投投票权的简单多数决定。其中，董事会制定主要业务和财务政策、向行长下放政策及项目决定权需不低于总投票权的四分之三多数批准。（见表 5.3）

---

① 《亚洲基础设施投资银行协定》文本。

表 5.3　亚投行管理机制

	权　力	结　构	决　策
理事会	一切重大事项	平等协商	简单多数 特别多数 超级多数
董事会	总体运营	域内外各 9 个、3 个席位	简单多数 3/4 多数
管理层	日常管理	行长、副行长	—

除尚缺乏监督机制外，亚投行管理机制比较完善，其他各种机制已经基本健全。但是往往一项制度设计越是复杂，其效率也将越低。比如，重大事项需要超级多数通过，即理事会总人数三分之二以上，且所代表投票权不低于成员总投票权四分之三的多数通过，这一规定在亚投行运营之后是否可以正常运行，若投票失败，是否又该设计其他补偿机制？

3. 目标市场与融资机制

亚投行的宗旨是通过在基础设施及其他生产性领域的投资，促进亚洲经济可持续发展、创造财富并改善基础设施互联互通；与其他多边和双边开发机构紧密合作，推进区域合作和伙伴关系，应对发展挑战。该宗旨表明，亚投行开业后，其主要财力、精力将投放至亚洲基础设施建设。所谓基础设施，是指交通、电力、通信、能源四大类设施及其配套信息化系统，其特征是投资额度大、期限长、风险高、收益水平低、不确定性强，一般私人投资者的投资意愿不强，若没有稳定的投资环境、可观的预期收益与合理的制度设计，充裕的民间存量资本难以批量进入这一领域。根据亚洲开发银行预算，2010—2020年，32 个亚开行成员需要基础设施投资 8.22 万亿美元，年均逾 8000亿美元。其中，68%是新增基础设施的投资，32%是维护或维修现有基础设施所需资金。（见表 5.4）[①] 从亚洲基础设施建设现状及融资需求看，区域内各经济体特别是"一带一路"沿途国家基础设施条件不均衡、交通通讯电力等重点领域总体落后，从而构成区域内互联互通、经济一体化的重要瓶颈，资金需求大。[②]

表 5.4　亚开行预算 2010—2020 年基础设施年融资需求

单位：万亿美元

按区域（1.8—2.3）	按部门（1.8—2.3）	按阶段（1.8—2.3）
亚洲 35%—50%	通讯 10%—15%	工程建设融资
东中非 5%—15%	电力 45%—60%	90%—95%
拉丁美洲 10%　15%	交通运输 15%—25%	项目启动融资
中亚北非 5%—10%	供水污水处理	5%—10%

资料来源：Bhattacharya, A. and Romani, M. Meeting the Infrastructure Challenge:the Case for a New Development Band. Presentation in the Global Economy Governance Seminar, Madrid, 11, March 2013.

诚然，亚洲基础设施领域面临着巨大的投资空间，但这并非意味着亚投行每年都有超过 8000 亿美元的投资规模。基础设施建设

[①]　王达：《亚投行的中国考量与世界意义》，《东北亚论坛》2015 年第 3 期。
[②]　高鹏：《亚投行的建立背景、面临挑战及对策》，《金融与经济》2015 年第 5 期。

的特点是有相应需要的国家通过编制预算加以实施，并通过税金和通行费等收回资金。如果是基础良好的基础设施建设计划，只要民间金融机构提供融资就已经足够。如果是审查严格的国际机构，将明确要求与相关国家分摊风险，如果做不到这一点，多边金融制度的参与国可能将拒绝提供融资。因此，相对于亚洲庞大的基础设施建设需求，现在能够计算的国际金融机构的融资被认为仅为2000亿美元左右。在这种情况下，亚投行能在此基础上提供多少资金？① 因此，不能认为亚洲基础设施投资缺口就是亚投行潜在的目标市场。

此外，亚投行应采取哪种融资机制？其贷款能力能否满足目标市场需求，也是一个值得考验的问题。亚投行初始法定资本为1000亿美元，初始认缴资本为500亿美元，其中，实收资本为100亿美元，可随时催缴资本为400亿美元。2014年3月，中国组织亚投行筹建工作小组讨论亚投行初期供贷能力等问题。亚投行实收资本100亿美元须在早期阶段（5年内）支付，预计最初每年可提供贷款40亿—60亿。随着亚投行获得法人实体资格后开始通过发行债券等方式融资，其未偿贷款总额与实收资本比率逐渐上升，在第三年末上升为5倍并在此后达到稳定。亚投行筹建工作小组为早期阶段的实收资本和贷款规模计划作了两套方案，中国倾向于第一套方案。② （见表5.5）

① 安东泰志：《日本不参加亚投行是正确的》，日经中文网，2015年7月15日，http://cn.nikkei.com/columnviewpoint/viewpoint/15189-20150715.html。
② 陈燕鸿、杨权：《亚洲基础设施投资银行在国际发展融资体系中的定位：互补性与竞争性分析》，《广东社会科学》2015年第3期。

表 5.5　亚投行早期阶段累计实收资本及计划贷款规模

单位：亿美元

	第一年	第二年	第三年	第四年	第五年
方案 1					
累计实收资本	30	50	70	85	100
计划放贷规模	62	204	387	472	569
方案 2					
累计实收资本	20	40	60	80	100
计划放贷规模	41	163	333	443	565

资料来源：Syadulalah, M. Prospects of Asia Infrastructure Investment Band. Journal of Social and Development Science, 2014, Vol. 5, No.3:155-167.

4. 国际货币的选择

显然，国际金融制度的交易需要选择一种货币。以何种货币进行交易、结算将是亚投行在现阶段章程谈判过程中面临的核心问题之一，也是考验中国的凝聚力和领导力的重要问题。从目前看，存在四种可能，即美元结算、人民币结算、AIIB 币结算、多币种混合方式结算。其中，以美元结算可能遭遇的阻力最小、最为方便，结算成本最低。目前大多数国际多边银行均选择以美元结算；以人民币结算较为敏感，在实际结算过程中不够方便、交易成本较高；设计一种组合货币则最具革命性、最能防范市场冲击，但协调和平衡成员国间利益的难度也最大；多币种混合方式结算随意性较强，实际操作难度也比较大。①

不少媒体指出，亚投行的成立是人民币国际化的重要一步，尤其是英国的加入，加速了人民币的国际化。作为传统的金融中心，从建立和发展人民币离岸市场，到承揽由西方国家发行的首只人民币主权债券，英国一直在人民币国际化领域与中国政府进行着频繁与密切的合作，以致如今离岸人民币交易总额有45%在伦敦发生，而亚投行的出现让人民币的国际化前景也更为广阔，英国也试图借此进一步密切与中国的关系。② 当前，亚投行交易货币尚未确定，对于使用人民币结算或者是组合货币结算，国内相关研究者莫衷一是。一种比较合理的路径是，让影响力比较大的货币都纳入"货币篮子"，形成一种组合货币，这样既可以促进人民币国际化，又可以减少人民币纳入亚投行结算货币的阻力。

5. 国际信用评级

国际信用评级是金融机构开展融资和借贷的重要依据，亚投行作为新兴事物，其信用评级也是一个重要的问题。对于亚投行这样无法吸收存款、只能以发债获得融资的多边开发银行而言，能够取得较高信用评级，例如获得与中国主权信用评级 AA－，甚至获得略高于中国主权信用评级的 AA＋，是其可持续发展的基础所在。一方面，市

---

① 高鹏：《亚投行的建立背景、面临挑战及对策》，《金融与经济》2015 年第 5 期。
② 甘明星：《亚投行：国际金融领域的中国华丽转身》，《对外经贸实务》2015 年第 5 期。

场对其认可度更高，发债更为容易；另一方面，融资成本将显著低于其他非 AAA 评级的机构。目前，包括标普、穆迪、惠誉在内的三家评级机构均开展了针对多边开发银行的超主权评级。三家机构在具体指标选择和比例确定上虽各不相同，但均主要包括内部财务状况（初步评级，类似于一般银行）和外部股东支持力度。中国在亚投行的出资比例最大，其较高的信用评级对于亚投行获得较高的信用评级也具有重要的支持作用。（见表 5.6）

表 5.6 部分亚投行创始成员国主权信用评级

国别	标准普尔		穆迪		惠誉	
	评级	展望	评级	展望	评级	展望
新加坡	AAA	稳定	Aaa	稳定	AAA	稳定
科威特	AA	稳定	Aa2	稳定	AA	稳定
卡塔尔	AA	稳定	Aa2	稳定	—	—
中国	AA−	稳定	Aa3	稳定	A+	稳定
韩国	A+	正面	Aa3	稳定	AA−	稳定
阿曼	A	稳定	A1	稳定	—	—
马来西亚	A−	稳定	A3	正面	A−	负面
哈萨克斯坦	BBB+	稳定	Baa2	正面	BBB+	稳定
泰国	BBB+	稳定	Baa1	稳定	BBB+	稳定
菲律宾	BBB	稳定	Baa3	正面	BBB−	稳定
印度	BBB−	稳定	Baa3	稳定	BBB−	稳定
印尼	BB+	稳定	Baa3	稳定	BBB−	稳定
孟加拉	BB−	稳定	Ba3	稳定	BB−	稳定
斯里兰卡	B+	稳定	B1	稳定	BB−	稳定
蒙古	B+	稳定	B2	负面	B+	负面
柬埔寨	B	稳定	B2	稳定	—	—
越南	BB−	稳定	B1	稳定	BB−	稳定
巴基斯坦	B−	稳定	Caa1	稳定	—	—

（表格最左侧竖排：亚洲国家）

续表

国别	标准普尔		穆迪		惠誉	
	评级	展望	评级	展望	评级	展望
新西兰	AA	稳定	Aaa	稳定	AA	稳定
英国	AAA	稳定	AA1	稳定	AA＋	稳定
德国	AAA	稳定	Aaa	稳定	AAA	稳定
法国	AA	负面	Aa1	负面	AA	稳定
意大利	BBB－	稳定	Baa2	稳定	BBB＋	稳定
卢森堡	AAA	稳定	Aaa	稳定	AAA	稳定
瑞士	AAA	稳定	Aaa	稳定	AAA	稳定
奥地利	AA＋	稳定	Aaa	稳定	AA＋	稳定
澳大利亚	AAA	稳定	Aaa	稳定	AAA	稳定

（表格最左侧竖排："亚洲外国家"）

资料来源：www.trading economics. com/country-list/rating。

（1）亚投行获得较高信用评级的优势

第一，资本实缴额度大、比例高。亚投行 1000 亿美元的注册资本不算太高，但由丁亚投行设定资本实缴比例为 20％，计算得到实缴资本为 100 亿美元，仅低于世界银行、欧洲投资银行和欧洲稳定机制。较高的资本实缴比例保证了亚投行有充足的资金开展后续业务。

第二，目标业务领域市场潜力大。亚投行瞄准的首要目标市场是亚洲基础设施建设投融资。据亚开行估计，在 2010 年后的十年间，亚洲基础设施建设需要大约 8 万亿美元，相关投融资领域潜在市场需求巨大。

第三，最大股东中国的鼎力支持。中国倡导建立亚投行，本身即是中方愿意承担更多国际责任，促进亚洲地区团结合作、互利共赢和共同发展的体现。同时，经过 30 多年快速发展，中国积累了大量基础设施投融资及建设经验。这些都将有利于亚投行成功运行。

第四，作为新设机构的后发优势。作为后来成立的多边开发银行，亚投行可以在吸取已经成立的多边开发银行的经验基础上，进一步改革创新，如不设常驻董事会、缩短项目审批流程、提高审批效率等，使其虽然作为后来者，但仍然能够取得较好发展。反之，如果不对新机构进行大幅度改革，使其明显不同于现有机构，新机构将无法取得较高认同。

（2）亚投行获得较高信用评级的劣势

首先，新机构运营能力尚待考验。亚投行作为新设机构，缺乏运营经验，在内部评级中的运营能力、盈利能力以及风险管理水平将是弱势项目。评级机构可能担心亚投行没有持续运营多边开发机构的经验、项目、知识储备以及相应的体制机制。

其次，成员国与贷款国角色重叠。目前有意参与亚投行筹建的国家以新兴国家为主，经济发展水平较低，基础设施建设落后，未来需要亚投行的大量投资。现有评级方法认为，成员国同时是贷款国会降低多边开发银行的稳健性，当无力按时偿还贷款时，其对多边金融机构的支持力度也必然下降，因此将对亚投行信用评级造成负面影响。[1]

---

① 高鹏：《亚投行的建立背景、面临挑战及对策》，《金融与经济》2015 年第 5 期。

二、"集体行动的困境"

亚投行预计成员 57 国，其中域内 37 国，域外 20 国。由于成员众多，成员之间的发展阶段不一，政治体制不同，对亚投行的预期也不同。仅从域内国家看，中国、印度等大国与东南亚国家之间也存在较大的发展差距，中国与印度、东南亚国家之间还存在领土领海争端，中、印在区域内还存在着战略竞争。此外，亚投行存在着国际制度不可避免的领导权博弈的问题，中国可能设计一种更为民主、公开和透明的协商制度，以弱化亚投行的领导权博弈。众多国情不同、存在争端或战略竞争的国家一致加入亚投行，体现了中国发起倡议成立亚投行的吸引力；同时，也是亚投行需要慎重应对的"集体行动的困境"。

1. 参与国动机各异

加入亚投行的域外国家主要在欧洲，而英国又与欧洲有所不同，英国是首个宣布加入亚投行的西方发达国家，并且常常以特殊的欧洲国家而自居。而域内国家，也存在几个特殊情况，一是发达国家，如韩国和新加坡，二是发展中国家，如柬埔寨、越南等。因此，在区分域内和域外的基础上，还有必要区分英国和欧陆国家，域内发达国家和发展中国家。

（1）域外国家

①英国

英国是老牌的西方发达国家，也是首个宣布加入亚投行的国家，同时，英国又是美国的传统盟友，常常宣扬英美"特殊关系"，因此，英国是一个需要单独分析的国家。英国之所以成为首个宣布加入亚投行的西方国家，首先，是要争取中国国内市场巨大的回报机会。据统计，2014 年，中英之间的年贸易额为 800 亿美元，不到中德贸易额的一半。因此，英国希望通过亚投行强化英中关系，获取在中国更多的投资贸易业务；其次，作为传统的金融中心，从建立和发展人民币离岸市场，到承揽由西方国家发行的首只人民币主权债券，英国一直在人民币国际化领域与中国政府进行着频繁与密切的合作，而亚投行的出现让人民币的国际化前景也更为广阔，英国也试图借此进一步密切与中国的关系。最后，英国更看重的是整个亚洲版图的投资机会。相比于美洲和欧洲，亚洲经济无疑有着更大的活力、更好的弹性和更大的潜力。

②欧陆国家

欧陆国家，德国、法国、意大利等紧随英国宣布加入亚投行，除了与英国相同的因素外，还有更为特殊的动机。首先，欧洲选择"拥抱"亚投行，是基于其对未来世界经济秩序演变趋势的战略判断，反映出其试图维持并巩固自身地位和影响的努力；其次，对欧洲而言，其自身也面临重要关口。过去几十年欧洲一体化取得长足进展，形成了一个在经济实力上足以匹敌超级大国的欧洲联盟。但是，国际金融领域的"欧美共治"机制已经乏力，欧洲长期陷入了经济低迷和金融波动。另外，欧陆国家加入亚投行也有着重要的诉求，一是提高资本收益，拉动投资需求；二是开拓出口市场，巩固产业优势；三是拓展金融业务，稳定金融地位。更重要的是，欧洲作为传统的经济大国、政治大国，不可能忽视一个重要的多边国际金融体制。参与其中，尚能够通过参与提供"欧洲化"的国际标准；错失良机，则将违背世界发展的潮流。①

需要指出的是，无论是英国还是欧陆，这些国家还有一个特殊的身份，即美国的盟友。其盟友不顾美国的多次暗示或提醒，最终选择加入亚投行，不得不让人深思。一方面，欧洲国家认为，即使中国在亚投行拥有事实上的一票否决权，也不会比美国在世界银行拥有一票否决权更差。美国已经将世行作为推行其外交政策的工具，而中国不会。欧洲国家宁愿参与进去，与中国共享领导权，也不愿错失良机。另一方面，欧洲国家认为即使亚投行成为中国推行外交政策的工具，也不会比冷战时期更让人感到糟糕。②

（2）域内国家

①新加坡、韩国等

对于新加坡、韩国等发达国家，其加入亚投行的动机主要是拓展对外投资、参与规则制定。新加坡是一个城市国家，人口、资源极为

---

① 徐刚等：《欧洲加入亚投行的原因和影响探析》，《现代国际关系》2015 年第 5 期。
② Swaminathan S.Anklesaria Aiyar："Why US Allies Are Happy to Join China's AIIB"，The Diplomat, June 30,2015.

有限，却可以跻身发达国家行列，其成功的治理经验常常成为新兴国家发展的榜样。对于这样一个国家，不可能缺席重要的多边金融制度。而韩国，作为东北亚重要的国家，同时，中国又是其最大的进口市场和自由贸易区，也不可能缺席亚投行。此外，这类国家也往往更看重在国际规则领域的参与权、发言权与领导权。

②柬埔寨、越南等

不容置疑，亚投行内很大一部分成员都是亚洲发展中国家，这些国家加入亚投行最重要的动机就是获取投资，启动或维护国内基础设施建设，促进经济发展。据世界银行统计，2013 年，柬埔寨、老挝、越南、印尼甚至泰国的互联网使用率都不足 30%，柬埔寨甚至低至1.2%；印尼、老挝和菲律宾通电率约为 70%，缅甸、柬埔寨通电率分别仅有 48.8%和 31.1%。

2. 经济问题政治化

自中国加入 WTO 以来，经济问题政治化一直是困扰中国和平发展的诱因，并对中国与国际社会的良性互动产生负面影响，如中国的"市场经济"地位问题，常常导致中国难以维护企业的利益。国际经济关系政治化可以理解为国家之间正常的经济关系在特殊国际政治环境的影响下具有政治功能，引起或加强了国家对"价值信仰、信念或意识形态分歧"的强调，或者对"国家之间实力、权力对比变化的竞争"的重视。中国倡导的亚投行，也在美日等西方国家眼中变为实现国家利益的外交政策工具。这种观点已经不胜枚举。虽然可以从学理上、逻辑上加以驳斥，但其显然给亚投行的顺利运营带来了一定的阴影。

中国倡议发起亚投行后，美国曾多次劝阻和提醒其盟友不要加入亚投行。美国学者认为，亚投行体现了中国新一轮的政治野心，是中国抢夺美国在国际金融领域主导权的政策工具，通过亚投行以推进人民币国际化，将威胁美元的国际货币地位。[①] 此外，即使美国不从中作怪，亚洲板块也存在着极易经济问题政治化的诱因。如：中国与越南、菲律宾的岛屿争端长期难以解决；日本利用亚开行发起新一轮的亚洲基础设施建设投资；中国与印度的战略竞争；等等。同时，由于中国迅速崛起以及随之而来的"中国威胁论"，使得一些国家对中国主导下亚投行心存疑虑与担忧，从而对其运营及业务开展产生一定负面影响。

经济问题的政治化，还表现为国内民族因素而引起的国际争端，进而导致本应造福参与国的经济制度或经济福利暂时性或长期性难以实现。如中日韩自贸区的建设，中韩自贸区得以达成，而中日韩自贸区则长期难以达成。事实上，有很多国际争端，其本身并不严重，但是往往受制于民族主义或国内舆论。例如中印两国，存在边界划分方面的分歧，却长期难以解决。"中印两国陷入了安全困境，一国采取任何强化自身的行为都被对方理解为进攻性的"。这部分是因为印度常常会将中国视为潜在的战略对手，而其国内舆论又常常有夸大威胁、蛊惑印度人民与政府的错误举动，甚至印度媒体多次鼓吹中国将

---

① Geoff Raby:"China's AIIB Bank: Part of a Much Bigger Master Plan",http://nation-alinterest.org/blog/the-buzz/chinas-aiib-bank-part-much-bigger-master-plan-12748.

对印度发起攻击。[1]

3. 地区发展不平衡

亚投行成员国之间存在严重的地区发展不平衡，一方面，存在西方发达国家；另一方面，域内也存在基础设施建设较为完善的国家和极不完善的国家。亚洲幅员辽阔、国家众多，不同区域板块间、不同国家间的经济社会发展极具层次性、多样性。各国基础设施完善与否直接影响其经济的发展速度，基础设施发展的不平衡也体现了经济发展的不平衡，这意味着亚投行内部将既有贷款国，也有借款国。长期以来，亚洲国家存在着分裂的二元治理模式，即政治稳定靠美国、经济发展靠中国。如何综合考虑不同国家之间的诉求，整体上促进亚投行国家福祉，又将是有一个巨大考验。

表 5.7 部分亚投行创始成员国 GDP 规模（2014）

单位：亿美元

成员（前十）	GDP	成员（后十）	GDP
中国	103601.05	文莱	172.57
德国	38525.56	冰岛	170.71
英国	29418.86	柬埔寨	167.09

---

[1] Grace Castle Burns: "India's Insecurity in the Face of Rising China", *International Relations Journal*, Volume 1, 2012, pp. 35-41.

续表

成员（前十）	GDP	成员（后十）	GDP
法国	28291.92	格鲁吉亚	165.3
巴西	23461.18	蒙古	120.16
意大利	21443.38	老挝	117.72
印度	20669.02	马耳他	96.43
俄罗斯联邦	18605.98	塔吉克斯坦	92.42
澳大利亚	14537.7	吉尔吉斯斯坦	74.04
韩国	14103.83	马尔代夫	30.32

资料来源：世界银行。

4. 国际领导权博弈

与欧盟不同，亚投行是新兴事物，尚不存在类似于欧盟的德法领导轴心；亚投行也并非政治实体，而是多边国际金融机构，但是亚投行也不得不面临国际制度的领导权问题。长期以来，中国参与多边制度，并不积极谋求领导权，因为在东亚、东南亚，中国和日本存在着战略竞争，双方都互为顾忌，不会将领导权拱手相让，更不可能携手合作，因此在该区域的若干制度设计中，中国往往鼓励东盟获得领导权。这既可以避免因领导权纠纷而影响制度效率，也可以不给其他国家指责中国获取领导权、威胁既定国际体制的口实。但是亚投行的不同之处在于，亚投行是中国倡议发起的，中国不可能忽视对其领导。中国多次指出，在亚投行寻求或放弃"一票否决制"是伪命题，但作为域内经济总量最大的国家，中国必然会在领导亚投行上发挥重要作用，只不过并非类似于西方国家的否决制。

在亚投行内部，最大域内股东分别是中国、印度、俄罗斯和韩国等，除中国外，后三国并非不在意领导权。印度一直有成为世界大国的野心，而俄罗斯在上海合作组织中具有重要的发言权，韩国也是东亚地区的一个重要国家。几个主要国家之间需要达成共识、形成规范，并与域外主要大国形成良性互动，方可解决领导权博弈问题。欧洲诸多作为域外国家加入亚投行，虽然不必担心其在领导权问题上设置障碍，但是长期来看，欧洲国家更高水平的国际标准，也难免致使亚投行走向国际标准的"欧洲化"。作为亚投行的倡议发起国，如何应对诸多问题，将考验中国的凝聚力和领导力，具体而言将考验中国的"四力"。[①]

一是吸引力。中国以其巨大的市场、快速的发展、巨额的外汇、强大的建设和制造能力、互利共赢的合作理念和各国梦寐以求的投资机会，赢得众多国家的信任，它们纷纷加入亚投行。就连一开始持反对立场的美国也改变态度表示将积极合作。亚投行开局的态势，足以说明中国具有强大的吸引力。这一吸引力还将越来越强。二是创新力。亚投行的成立，其主要动因是，由美国主导的现行国际经济治理体系，没有回应以中国为代表的新兴国家的诉求；美国作为最大的国际货币发行国，没有担当起应有的责任。亚投行管理体制机制的设计，应是在深入总结世界银行、亚洲开发银行的经验教训基础上的创

---

① 　郭云涛：《亚投行检验中国四力》，《环球时报》2015 年 4 月 11 日。

新。亚投行的理事会、董事会和管理层的设计，运行机制、项目管理及绩效考核，都要进行创新。创新的指导思想应体现中国一再强调的开放、包容、合作、共赢的原则，避免出现世行、亚开行同样的弊端。真正使亚投行的创新实践能够引领建设国际经济新秩序，打造全球发展的新动力。三是适控力，就是以适宜恰当的方式驾驭和掌控。作为最大的出资方，中国如何既掌控亚投行的发展方向，又以恰当方式协调照顾到各方的利益关切，既增强中国影响力，同时又避免外界产生中国是亚投行"霸主"的担忧。这既是对亚投行的挑战，也是对中国的挑战。四是竞争力。面对如此广泛复杂的国家和地区，中国面临的竞争环境是十分严峻的，涉及法律法规、资源环境、技术标准、信用体系、语言文化、民俗风情、物产饮食、人员与财产安全等方面。只有中国以强大的自身实力和市场竞争力、先进的经营理念、高水平的管理、高品位的质量、良好的效益赢得相关国家政府和人民的认可，亚投行才能成功运营。

三、"无远虑、则必有近忧"

亚投行是一项多边国际金融制度，除了其内部面临的诸多需要审慎应对的问题外，还有几个外部挑战需要积极应对。一方面，是美日等掌握国际金融话语权的国家对亚投行表现出的怀疑和观望的态度；另一方面，是亚投行与亚洲区域内既存的亚开行以及世界银行的竞争与合作关系；此外，从更高层次上讲，亚投行等中国所发起倡议的多边国际金融制度，又意味着在国际金融领域国际规则领导权的新一轮调整与创新。而这些挑战中，最根本的挑战是亚投行该如何定位。

1. 亚投行定位

亚投行是一项造福亚洲国家和人民的多边国际金融制度，是亚洲国家首次倡议并领导的国际金融制度。但是在其协定签署前后，不少外媒认为亚投行是中国外交战略的重大成就，赋予其更多的对抗性而非合作性。亚投行的成功挑战了美国及其盟友控制的世界银行和传统区域发展银行。现有的开发银行"不再对发展中国家的基础设施项目融资上享垄断权，这些银行评估方式和时间上的垄断权也被打破"。①因此，明确亚投行定位，将有利于缓解其对抗色彩。

从宏观方面看，全球经济总量前十的国家中，仅美国和日本缺席；联合国安理会常任理事国仅美国缺席；西方七国集团已占 4 席；二十国集团占有 14 席；金砖国家全部加入。因此，可以肯定地说，亚投行是符合历史发展潮流和大部分国家发展利益的国际公共产品。首先，亚投行是一个由中国倡议发起的而非由西方国家倡议的、由发展中国家和发达国家共同参与的多边金融实体。这体现了中国参与全球治理理念和方式已经发生了转变，不再是一味接受既定的制度和规则，而是在制度和规则领域有所创新。由中国发起的亚投行，可能是第一次由一个非西方的、非发达国家的新兴市场国家主导，其创始成

---

① 《外媒：亚投行是中国外交与战略重大成就》，《中国日报》2015 年 6 月 29 日。

员涉及亚洲、欧洲、拉美、非洲和大洋洲的发达国家和发展中国家，其影响可能超过金砖银行、上合组织银行等其他由新兴市场控制的金融机构。由于亚投行具有某种全球性金融机构的性质，中国国际影响力的上升也似乎突然以一种新姿态呈现于世。其次，亚投行的建立可能意味着世界秩序的变革方式发生转变，以亚洲国家而非欧美国家引领的、以和平合作方式而非冲突或对抗方式进行的缓慢而非激烈的国际秩序的变革，首次成为可能。长期以来，欧美等西方国家一直掌握着国际制度的领导权和话语权，而亚洲国家则处于接受和追随的地位，亚投行改变了这一现状，亚洲国家得以团结一致、达成共识，致力于实现独立自主地决定自身的命运甚至是引领世界发展的潮流。再次，亚投行的建立再次证明美国的盟友体系出现裂痕。类似于冷战时期的美国和欧洲出现裂痕，亚投行的成立致使欧洲再次选择忽视盟友的提醒和指责。但是与冷战时期不同的是，亚投行是一项合作性的、福利性的、非盈利性的多边机制，而并没有某些国家所指责的对抗性。最后，亚投行的成立意味着并非所有的多边制度建设都需要美国的参与。长期以来，美国似乎领导并参与了所有的具有世界影响力的多边制度，但是亚投行成立前后，美国一直保持冷漠和观望态度。这并没有影响亚投行的成立，而且亚投行依旧欢迎美国的加入。总之，亚投行是一个由亚洲国家发起并主导的、将在世界范围内产生深刻影响的国际公共产品。[①]

从微观方面看，亚投行既是一项多边国际金融制度，更是一个多

---

① 傅梦孜：《如何看待亚投行的影响》，《现代国际关系》2015 年第 5 期。

边投资银行。其宗旨是通过在基础设施及其他生产性领域的投资，促进亚洲经济可持续发展、创造财富并改善基础设施互联互通；与其他多边和双边开发机构紧密合作，推进区域合作和伙伴关系，应对发展挑战。其投资方向首先是亚洲区域内的基础设施建设，在此基础上，探索投资生产性产业。既然是一个银行，肯定要以营利为目的，而并非完全意义上的多边援助机构，这与世界银行和国际货币基金组织的功能有所差别，后两者主要致力于扶贫援助和稳定金融市场。因此，亚投行的后期运营既要必须逐步满足亚洲基础设施建设的需要，又必须对投资国具有巨大的吸引力。此外，亚投行又不是一个普通的商业性银行，还是一项国际制度、一个国际组织。因此，其管理体系既不能是完全的官僚体制也不能是"唯利是图"的商业模式。总之，无论是宏观方面的国际定位，还是微观方面的管理及业务定位，都暗示着亚投行作为一项国际性的多边金融制度，将面临着巨大的外部挑战。凸显其合作性、缓解其对抗性、拓展业务、成功运营对于亚投行将极为关键。

2. 美日的观望

众所周知，作为世界经济总量前 10 的国家，西方发达国家中的领头羊，美国和日本并没有加入亚投行。这似乎给亚投行的开业带来一丝阴影。不仅如此，美国对其盟友还多次提醒，劝阻其盟友远离由中国主导的多边制度。日本在加入亚投行的问题上，除了听从其盟友的忠告外，还有自身独特的原因。

（1）美国的态度

美国认为，亚洲区域的金融秩序由世界银行、国际货币基金组织和亚洲开发银行共同治理已经足够。中国另起炉灶建设亚投行，是对传统秩序的挑战，西方社会应该联合起来冷落亚投行。比如，2014年6月30日，美国阻挠韩国加入亚投行。美国通过驻韩大使馆向韩国政府通报称"美国对韩国加入亚投行一事深感忧虑"，并明确谈到"韩国加入亚投行，会导致韩美长久积累下来的友邦互信受到影响"。当英国成为首个申请加入亚投行的亚洲地区以外的国家时，美国财政部长雅各布·卢就在公开场合斥责英国"迁就中国"，并表示希望相关国家在作出加入亚投行的最后决定之前三思后行。美国阻止其他发达国家加入亚投行给出的官方说法是，中国应该投资已有的机构，以此不会构成所谓的中国领导的银行的政治问题。然而，当选择世界银行行长时有人持有优先权时，这种说法不攻自破。如果美国阻止亚投行是因为真的担心亚投行会促进中国政治经济的发展，那么中国也有同样的担心，因为无法阻止这个历史竞争对手。[1] 对于美国而言，亚投行的成功意味着美国再次丧失了其在亚洲的权力，美国开始质疑，"他们的权力去了哪儿"。[2] 美国认为，亚投行的成功意味着中国在全球金融领域挑战了美国最为基础的地位。但是有些学者并不这么认为，一

---

[1] "China's Asian Infrastructure Investment Bank: supporters and absentees", http://ggii.cqu.edu.cn/chinas-asian-infrastructure-investment-bank-supporters-and-absentees.

[2] Julian Duran: "Filling a Gap: How the AIIB Fits into the Global Financial System." *Asia-Pacific*, July 31, 2015.

份面向国际学者的调查以"美国应当惧怕亚投行吗"为题，数据显示，只有 1/3 的人认为美国应当忽视亚投行的存在。[①] 不管如何，亚投行即使不意味着中国与美国的对抗，也意味着中国在软实力方面，迄今为止获得的最大的成功。[②] 此外，美国还质疑亚投行在各领域的标准可以达到世界领先水平，比如环境、采购、劳工等领域的高标准。美国及其他缺席大国会一直关注、批判亚投行的成长。[③] 几个月来，美国呼吁各国在加入亚投行时要三思而后行，在确认其治理以及环境与社会保障方面能够达到高标准后，再考虑加入。然而，当美国的诸多盟友纷纷宣布加入亚投行后，奥巴马政府重新评估对亚投行的立场，提议亚投行与美国主导开发性金融机构，比如世界银行建立合作关系。美国财政部长雅各布·卢在亚投行初始会员国申请结束之日宣布，美国已准备好欢迎中国倡导的亚投行。2015 年 4 月 14 日，美国常务副国务卿布林肯在华盛顿表示，美国"非常支持"对亚洲基础设施进行更多的投资，美方对亚投行的成立并不反对。正在中国访问的美国商务部长佩尼·普里兹克表示，美国欢迎亚投行，但希望看到更多的运作规则，亚投行不应改变国际标准。2015 年 4 月 28 日，美国总统奥巴马表示，他原则上并不反对亚投行，但称该行提供融资的项目会有滥用资金的风险，除非建立起类似于世界银行和国际货币基金组织采用的指导规章。如果亚投行能很好地运行，他将"完全支持"。

① "Should Washington Fear the AIIB?" *Foreign affairs*, June 11, 2015.

② Thomas Renard: "The Asian Infrastructure Investment Bank (AIIB): China's new multilateralism and the erosion of the West". *Security Policy Brief*. No.63, April 2015.

③ Yun Sun: China and the Changing Asian Infrastructure Bank. *Pacific Forum CSIS*. July 28, 2015.

（2）日本的顾虑

对于是否加入亚投行，日本除了听从其美国盟友之外，还有自身的顾虑。从实际利益来看，日本在加入亚投行问题上似乎比美国更为急迫。自金融危机以来，日本经济持续低迷，恢复经济一直是近些年日本政府面临的首要任务，尤其是安倍上台后，不断加码量化宽松货币政策和财政政策的投资刺激力度，然而，在增加公共基础设施支出方面，由于日本国内基础设施市场经过多年开发已趋饱和，相关企业不得不把目光转向亚洲其他基础设施落后的地区。但是，面对着具有低成本优势的中国企业和创新能力强大的韩国企业，日本要实现这一目标并非易事。问题在于，日本最终并没有选择加入亚投行。一直以来，日本关于是否加入亚投行的官方表态是"慎重考虑""不可能加入"等。2015 年 4 月 20 日，日本首相安倍晋三在晚间的电视节目中对中国主导的"亚洲基础设施投资银行"(AIIB) 组织运营的公正性和透明度表示疑虑，并告诫称"从不良高利贷处借钱的企业最终将失去未来"。2015 年 4 月 28 日，安倍在访美时表示，亚洲有巨大的基础设施建设需求，需要予以金融支持，日中在这方面的意见是一致的。日本认为亚投行实现公平治理是必要的，"日美都应与中国就此继续对话，日方有意这么做"。遗憾的是，2015 年 5 月 21 日，日本首相安倍晋三宣布了今后 5 年投资大约 1100 亿美元的亚洲基础设施建设计划以抗衡亚投行。①

---

① 《日本对外投 1100 亿美元抗衡亚投行?》，FT 中文网，2015 年 6 月 2 日。

日本学者认为，日本不参与亚投行是正确的，日本可以借助亚开行投资 1100 亿美元在亚洲进行高质量的基础设施建设，如果此后出现有必要与亚投行合作的情况，日本应当选择通过国际制度进行合作，而不是加入。原因在于，中国将区域外国家在亚投行的出资比例限制在 25% 以内，目前中国出资比例超过 30%，而印度为 8% 左右。包括中印两国在内，总额的 75% 将是亚洲各国的出资，如果这一出资比率被反映到运营上，结果就是亚洲各国，尤其是中国和印度为了自身的基础设施建设而自主筹集资金。亚投行将成为具有根本性利益冲突结构的机构。中国之所以希望邀请日本加入亚投行，坦率地说正是为了缓解这种利益冲突结构，尽可能地获得高评级，以筹集低利率资金。但是，中国今后是否能永远承受较高的出资比例呢？如果由于某些因素，中国无法继续承担，与按照"区域外国家占 25%"的框架参加的欧洲各国不同，身为"区域内国家"的日本将不得不提高出资比例，日本不应该如此相信中国的未来。反过来说，欧洲各国作为"区域外国家"，只需略微出资即可，如果将来出现某些意外，承担的责任也不会太沉重，因此在宣布参加时无须多虑，而"区域内国家"日本则应该慎之又慎地讨论参加亚投行的利弊。最重要的是，亚洲存在的大量的基础设施投资缺口并不意味着都是亚投行的潜在市场，新成立的亚投行能在此基础上提供多少资金？即使放宽审查标准，也不能期望太高。而且在亚开行内部，日本企业的中标率也仅有 1% 左右。[1]

---

① 安东泰志：《日本不参加亚投行是正确的》，日经中文网，2015 年 7 月 15 日。

（3）美日将如何应对亚投行

动态观察，面对目前诸多国家选择加入亚投行，历来高度默契的美日不是没有应对之策。一种可能是，美日死扛到底不加入亚投行，设法重新激活并盘整亚洲开发银行，以此与亚投行形成正面竞争。必须承认，目前亚开行的财力明显胜过亚投行，而且融资渠道和空间非常大，同时其运作机制和经验都不是亚投行所能比拟的，但是，亚开行要力盖亚投行的风头，就必须对其传统运行机制进行改革创新，以使亚洲各国显著受益，而且其投资必须更大程度上倾向中国之外的其他亚洲国家，进而抑制亚投行的影响力。另一种可能是，美日经过审慎考量以普通成员国的身份申请加入亚投行，中国也会表示欢迎，相应地，亚投行游戏规则的制定以及公正透明地运行也能够增添更多的监督和维护力量。①

3. 与既有区域发展银行的竞合关系

在亚洲区域，已经存在亚开行，此外，世界银行和国际货币基金组织也有大部分亚洲业务。这似乎可以用来质疑成立亚投行的必要性。但是，不得不指出的是，1966年成立的亚开行，对于亚洲基础设施的投资已经乏力，其每年投资规模只能维持在100亿美元左右。而世界银行和国际货币基金组织，则主要致力于扶贫开发和金融稳

---

① 甘明星：《亚投行：国际金融领域的中国华丽转身》，《对外经贸实务》2015年第5期。

定，并不是一项专门的基础设施投资框架。而且，无论是亚开行还是世界银行、国际货币基金组织，美国都享有事实上的一票否决权，逐步沦为日本、美国推行其外交政策的工具。但是，如何处理好与既有的多边金融机构的关系，也将是亚投行成功运营的挑战之一。

（1）竞争关系

一方面，亚投行与现有的融资体系形成了竞争，类似于一种新事物与旧事物的矛盾斗争。从国际发展的融资格局方面看，旧的融资结构将不得不作出调整。西方国家主导的世行、国际货币基金组织和亚开行等，不愿意向中国、印度等国让渡更多的权利，以至于中、印、韩等亚洲国家筹建投资银行，将改变国际发展融资的格局，亚洲国家将成为亚洲地区主要的国际资本的来源国和投资国。而且，亚投行属于"南南合作、东西共建"的创新型制度设计，将不会像美日等西方国家，在援助、投资一国基础设施建设时，提出附加的政治条件。这无疑对既有的多边金融体制构成巨大的冲击。另一方面，在业务领域，亚投行与其他多边国际金融机构也形成了业务的重叠与竞争。"基础设施建设"是已有多边金融机构的重要业务领域，是当前它们据以达到减贫和社会发展目标的重要途径之一。例如尽管在《亚开行 2020 战略》中，基础设施建设只是十大重点领域之一，但 2013 年ADB 向亚太地区批准的 210 亿美元贷款总额中，60％的额度用于基础设施建设。（见表 5.8）

表 5.8　亚开行和世行贷款结构

组织	基础设施贷款	其他贷款
世界银行（2014）	交通：17% 能源：16% 供水及其他：11%	56%
亚开行（2013）	交通通信：24% 能源：27% 供水及其他：9%	40%

资料来源：世界银行与亚开行发展数据年报。

（2）合作关系

一方面，由于宗旨和主要业务各有侧重，亚投行与世界银行、国际货币基金组织之间存在着明显的互补关系；另一方面，由于亚投行与亚开行存在着相似的业务政策，两者之间也可能存在更多的合作空间，以实现共同发展。但这关键要看亚开行对亚投行的态度如何。2015 年 5 月 2 日，亚开行行长中尾武彦表示，亚开行愿意与中国主导的亚投行进行合作，包括在融资方面的合作。如果双方就融资相关事宜进行合作，亚开行将会积极研究相关合作。[1] 亚投行主要致力于地区性基础设施建设，而亚开行在其制定的"2020 战略"中，也将基础设施作为未来长期战略重点业务部门。亚开行除了加大道路交通、能源、通信等基础设施硬件建设外，将更加关注与基础设施建设密切相关的软件方面的建设，包括帮助发展中成员加强基础设施管理

---

[1]　《亚开行行长：愿意与亚投行展开合作》，财经，http://finance.sina.com.cn/world/20150502/190222091996.shtml。

的能力建设以及进行体制和机制改革。借鉴亚开行在软件建设方面的长期经验，对提升亚投行投资项目的长远效益会有很大帮助。同时，亚行在加强与私人部门的合作伙伴关系，推动私人部门参与基础设施建设方面，也具备较强能力。亚开行专门设立吸引私营企业和其他金融机构资本的机构，不仅投向基础设施领域，还面向私营部门放贷。亚投行是否要设立相应的部门，可根据实际情况决定。① 更为重要的是，作为成熟的制度设计，亚开行在管理经验、融资渠道、国际合作和业务政策等多方面都有值得借鉴的经验。

4. 国际规则的调整与创新

亚投行所折射的最高层次的竞争是国际规则制定权的竞争，具体是指国际金融领域的规则。从理论上讲，国际规则是世界各国在国际事务互动中制定并共同遵循的行为规范，是国际经济博弈的"交通规则"，其本质是国际关系中权利与义务均衡的结果。国际规则既限定了各国采取"适当行为策略的范围"，又影响着国家之间合作收益的分配。国际规则有一定的功能性，可以降低交易成本、稳定预期和减少不确定性。当前国际规则大多是二战之后由美国领导制定的，如在国际安全领域的联合国，在国际贸易领域的世界贸易组织和在国际金融领域的世界银行与国际货币基金组织。从历史发展的角度讲，二战后设计的全球规则体系，已经明显不能应对当前全球经济发展所出现

---

① 倪建军：《亚投行与亚行等多边开发银行的竞合关系》，《现代国际关系》2015年第 5 期。

的新变化。二战后初期，美国、西欧与日本的经济规模占全球经济规模的一半以上，作为维护战后和平与发展的全球经济治理体系，也深刻反映了当时的世界经济结构。至今，美国依然在 WTO 和世界银行掌握着绝对的投票比例，在所有重大事项上拥有一票否决权，并且，WTO 总干事和世界银行行长也长期为美欧国家所垄断。从货币体系的角度看，美元的强势地位，有助于促进国际贸易，带动战后经济复苏，但同样也反映了美国的霸权。从二战之后的实践情况看，尤其是冷战期间，美国操控了联合国，在世界贸易组织、世界银行和国际货币基金组织拥有排他性的影响力。近年来，新兴国家市场群体性上涨，西方传统发达国家经济活力降低，东西方发展差距相对缩小。美国认识到既有的国际制度已经满足不了其全球扩张的需要，于是参与或发起并且主导了跨太平洋伙伴关系协议和跨大西洋贸易与投资关系协定等新的国际规则谈判，力图绕开既有国际制度，占领新一轮国际经济规则调整与创新的制高点。同时，美欧等国家还继续掌握着国际规则的制定权和既有国际制度的领导权，经常利用国际规则限制中国发展。中国不仅承受着现行国际经济规则的不公平待遇，而且还面临着美欧国家利用"国际规则"实行道义上的挤压，积极参与国际经济规则制定是中国化解"规则压力"的有效选择。[1] 中国倡议发起的亚投行，正是应对国际金融领域长期由美国等西方发达国家把持的局面而作出的战略选择，在国际规则领域具有竞争性、创新性。同时，对于美国所主导的国际金融领域的规则也是一种冲击，因此，美国在亚

---

① 赵龙跃：《中国参与国际规则制定的问题与对策》，《学术前沿》2012 年第 16 期。

投行成立前后，多次提醒其盟友，要充分观察亚投行是否能够达到当前国际规则所要求的质量和水平，再慎重作出是否加入亚投行的决定。

四、"古来成者为王侯"

综上所述，亚投行面临内部机制设计的若干问题，不同国家间集体行动的困境和外部美日等国的冷淡态度以及亚开行、世界银行等多边国际金融机构的合作与竞争等挑战，因此，亚投行的成功运营需要中国以及其他志同道合的国家共同努力、创新管理、应对危机，深化国际合作，造福众多参与国家。

1. 明确发展定位

作为由亚洲国家而不是美欧国家规范参与的、由东方国家而不是西方国家发起倡议的多边国际金融机构，亚投行首先应该有明确的发展定位。

从中国的视角看，亚投行是中国实现伟大复兴之梦的历史坐标。亚投行这一世界级的战略构想，正确把脉了世界与中国发展大势，将中国国势、国家形象带上历史新高度。一方面，外部世界继续深刻地影响着中国；另一方面，中国也正以其独特的发展模式影响国际体系转型的轨迹和方式，越来越深入地参与塑造国际规范和国际贸易、金融、安全、气候变化等领域国际制度的构建。亚投行从构想到落实行动，充分体现了中国作为大国的责任与担当，中国运筹国际事务表现出了更大成熟度，融入、影响全球化进程迈入新阶段。改革开放 30 多年来，中国经济腾飞，作为发展中的大国在发展理念和路径上积累了许多经验；而自身经验的分享将有助于其他发展中经济体的增长与繁荣，亚投行专注于基础设施建设，正是源于中国的成功发展经验。在全球经济增长潜力最大的亚洲地区设立区域性投资银行，通过多种直接投融资手段与途径牵头组织大规模基础设施建设，实现区域经济乃至全球经济一体化，是有效疏导化解全球游资、使全球游资转变为社会生产力，挤掉全球经济泡沫、使全球虚拟经济和实体经济从不对称复归对称，促进全球金融体制改革、使全球金融体制由间接投融资为主导转变为直接投融资为主导、消除全球金融危机根源的重要途径。

从世界的视角看，亚投行是世界秩序转变的有益尝试，大国之间交替兴衰的模式由激烈的对抗和冲突转变为缓慢的机制创新和实践。因为亚投行的成立不仅是金融经济问题，还涉及国际政治博弈。现有国际经济体系中，一方面美国领导力减弱，欧洲陷入衰退甚至变成了债务国，可谓心有余而力不足；另一方面发达国家又不能纳贤和让步。这两个方面发生矛盾，自然促使其他国家另寻出路。西方国家之间以及内部向来不是铁板一块。中国适时提出亚投行倡议，在国际政治上是一种"中国方案"，更是一种国际公益（public goods）。从全球治理体系上看，亚投行应视作联合国机制、国际金融治理体制的有益补充和完善。从其工作重点看，亚投行是对现有国际金融机构的直接、有益补充，并将激励多边开发机构完善制度设计和实现互利共赢。①

从国际政治角逐的视角看，亚投行是中国积极应对国际金融秩序缺陷的有力举措，而不是如某些国家所言的颠覆式的对抗旧的国际金融秩序。首先，亚投行不意味着所谓的中国影响力的全球扩张，而是现行国际金融秩序的不合理性，以及除美国之外的全球各国对推动国际金融秩序改革的强烈愿望与改革不可得性之间的尖锐矛盾；再次，中国牵头成立亚投行在很大程度上仍然是一种被动意义上的对现行国际金融秩序改革迟迟无法推进的无奈之举。换言之，这仍然是中国维护自身利益的防御性举措而并非中国试图改变现行规则特别是挑战美国的战略性进攻行为。中国在当前国际金融秩序中的弱势地位并未发生实质性改变，美国主导下的全球金融治理结构和全球金融格局也未发生显著变化。② 因此，中国对亚投行的顶层设计不能仅仅强调与国际惯例国际标准接轨，而应着眼于与国际潮流、历史趋向合拍，因此是对现有国际金融机构优缺点的扬弃，并且在运作实践中证明优于现有的国际金融机构，使亚投行成为建立新的国际金融体制的模本，而不仅仅是对现有国际金融机制的一种补充。建立新机构，制定新规则，引导新潮流，示范引导形成直接投融资为主导的世界金融新格局，在帮助重建世界金融新体制、使全球经济进入新常态的过程中为人类文明作出自己的贡献，在此基础上树立我国的大国风范，确立我

---

① 张运成：《审视亚投行的三个坐标》，《现代国际关系》2015 年第 5 期。
② 王达：《亚投行的中国考量与世界意义》，《东北亚论坛》2015 年第 3 期。

国负责任的大国地位，应该是我国创立亚投行的真正出发点。[①]

2. 创新国际管理

既然已经存在亚开行和世界银行，亚投行就必须要有不同于前两者的特色，才能受到国际资本的垂青，这就要求亚投行要在国际组织的管理上具有创新性。

一是要设计能够吸引众多复合型国际化人才的制度体系。人才是创新之源。一方面，中国以及其他发展中国家参与国，需要积极向亚投行输送人才。新兴经济体和发展中国家与其在国际组织和国际事务中的地位和影响不相称的问题，其中的一个重要原因就是在国际组织中缺乏自己的代言人。长期以来，中国政府部门所实行的那种近乎封闭式的用人机制将面临严峻的挑战，中国需要研究开放式的用人机制，既要加快培养相关人才，也要充分发挥现有专业人才的作用。[②]另一方面，要积极研究和设计合适的招引渠道，向亚开行、世界银行、世界贸易组织和国际货币基金组织招引具有丰富国际工作经验并且深谙亚洲经济发展的高端人才。

二是要设计能够吸引大量社会资本的融资机制。资金是实力之柱。亚投行一旦开业，单靠国家注资开展业务显然是不够的，还需要吸引大量的民间资本参与，引导国际流动资金投向亚洲基础设施建设

---

① 陈世清：《建立新的国际金融体制的必然性与亚投行的定位》，求是网，2015年5月5日，http://www.qstheory.cn/laigao/2015-05/05/c_1115181561.htm。

② 赵龙跃：《中国参与国际规则制定的问题与对策》，《学术前沿》2012年第16期。

领域，创新资本回报制度，盘活资金流动体系。一方面，应积极探索推广公私合作等模式创新，通过亚投行和所在国政府出资，与私营部门构建边际风险共担、收益共享的平等合作架构，动员主权财富基金、养老金以及私营部门等更多社会资本投入亚洲发展中国家的基础设施建设，推动建设进度加快、减轻各国财政负担，并为社会投资者带来更多经济利益。另一方面，亚投行的资金来源除了各国政府的股本投入外，需要建立常态的融资机制，包括探索其他资金来源，促进资金来源多元化，在国际市场上可采用借款、贷款、发行债券、建立基金等方式融资，从而提高其应对风险能力，并能在经济运行较差的情况下支持地区经济发展。①

　　三是要设计能够符合大部分国家共同利益的决策体系。决策是行动之纲。当前，亚投行决策采取投票制度，投票分为简单多数、特别多数和超级多数三个等级，中国掌握着高达 26.06％的投票权，因此，如何设计一种共同协商的决策机制，对于回应美日等国所言的亚投行由中国掌控至关重要。一种观点认为，亚投行应该设立三个委员会。第一个是董事会，由各国根据投资额来分配席位和投票权；第二是成员国代表委员会，类似于美国的参议院，即不论国家大小，不论投资额多少，每个国家都有一个席位；第三是咨询委员会，其中应该包括相关地区的劳工组织代表、企业家代表、资本市场代表、社会意见领袖代表，甚至文化环境保护代表。这三个委员共同合作，共同协商。董事会拥有决策权，但是重大事宜应当在决策前充分商量、酝酿，力

① 高鹏：《亚投行的建立背景、面临挑战及对策》，《金融与经济》2015 年第 5 期。

求基本达成一致再进行具体决策。这种协商式民主的办法是中国政治的基本特点，也和当前全球化时代强调社会责任、力求听到不同声音的趋势相一致。它和国际货币基金组织、世界银行那种"一股一票"、大事必须85%通过、美国长期拥有否决权的做法不一样。这样的亚投行治理结构会更具有全球号召力。亚投行另一个重要的治理问题是行长等高级职员的任命。吸取世界银行与国际货币基金组织的教训，应该是择贤任命，这样就打破了国际货币基金组织、世界银行以及亚洲开发银行不成文的规矩，那就是世界银行应该由美国人、国际货币基金组织由欧洲人、亚洲开发银行由日本人分别当一把手。如果亚投行采取择贤用人的办法，将顺应全球化的历史浪潮。[1]

3. 完善应对机制

亚投行业务的顺利开展，还需要若干功能性机制，以助其顺利地开展业务。首先，亚投行主要的投资领域是亚洲基础设施建设，对其所投资的市场应该有深入的调查和评估，因此风险评估机制就极为重要。一是投资环境方面的评估，主要考察所投资市场，其国家政治稳定程度、市场开放度、国际安全状况等，以确保资金的投入安全有效，避免大规模的资源浪费和基建翻修；二是投资对当地环境影响的评估。在国际社会，项目修建是否会影响所在地的人居环境，造成浪费和污染，变得非常敏感，也常常是国际舆论乐于炒作的焦点。因

---

① 李稻葵：《亚投行应如何进行体制创新？》，http://sike.news.cn/statics/sike/posts/
2015/04/219077559.html。

此，建立环境影响评估机制极为必要。具体而言，可以将环境影响评估划分为三个等级，在项目开建前，做好预防工作，及时公布信息。第一等级是对投资所在地环境无影响的项目，第二等级是会产生不良影响但可以通过其他补救措施在限期内消除的，第三等级是会造成无法挽回的不良影响的，应该及时取消或中止这种投资。

其次，由于基建投资往往是国家建设的重要项目，常常关乎国家、政府、社会等各个层面，所以难免会产生各种问题，比如国际争议、国内抗议、政府或企业违约等，因此危机应对机制同样非常重要。亚投行应该建立一个复合型的危机应对小组，就投资项目可能出现的危机进行及时的沟通、斡旋以至化解。具体而言，可以建议各参与国家，在条件允许的情况下，抽调外交部门和财政部门的司局级负责人，组成一个临时性的、但随时可以开展工作的危机应对小组，以迅速化解因投资项目而产生的国际纠纷等问题。

最后，亚投行需建立完善的监督制度，这是重中之重。一直以来，美日等国指责亚投行的借口就是怀疑亚投行在项目资金管理上难以预防腐败。中国曾多次回应，亚投行将会是一个廉洁、高效、透明的多边国际金融机构，亚投行对腐败、欺诈等行为持"零容忍"的态度，并将执行严格的诚信与反腐败政策及规定。因此，亚投行应当建立极为严格和规范的监督制度。具体而言，这种监督制度应当是组合拳，比如在高层建立专门的监督委员会，全面监督、通报亚投行的项目状况、财务状况和薪资体系，在基层建立专项项目监督制度，一对一负责跟踪每个项目的资金使用情况。在人力资源管理上，加紧制定人力资源政策以及员工选聘程序和标准，确保亚投行按照公开、透明的多边程序，在全球范围内择优选聘包括管理层在内的各级员工。

4. 深化国际合作

在亚投行成立前后，不少西方国家媒体纷纷猜测，亚投行是否会取代亚开行或世界银行。中国针对这种猜测也作出了有效的回应，中国所倡议的亚投行，就是本着亲诚惠容的周边外交理念，致力于同亚洲国家一道解决本地区面临的现实问题，共同发展。亚洲基础设施投资银行同现有国际发展金融机构应通力合作、优势互补。

首先，应充分肯定亚开行、世界银行等多边国际金融机构所发挥的重要作用。自20世纪60年代至今，亚开行和世界银行已经为亚洲各国扶贫开发、基建投资作出了突出贡献，这些贡献不容否认。其次，应该认识到亚投行与亚开行、世界银行等多边银行有着巨大的合作空间，而不是主观上将它们对立起来。亚投行与亚开行、世界银行等多边开发银行在发展定位、业务领域等方面侧重点、关注点不同，在亚洲金融市场上应致力构建相互补充的良性互动关系。亚投行建立初期，虽会对亚开行和世界银行在亚洲的业务开展产生一定影响，但彼此间的业务互补性决定了未来的合作将远大于竞争，且良性竞争将促进以世界银行为首的其他多边开发银行改革，弥补现行金融体系的缺陷，促进国际金融体系随着国际形势变化不断完善。亚投行与世界银行和亚开行关系的背后是中国等新兴市场国家与美、日等现有金融强权大国的关系，亚投行应特别注意避免陷入亚洲地区金融主导权的"争夺战"。最后，应该积极借鉴亚开行和世界银行的发展经验。到亚开行和世界银行在扶贫开发领域有成熟的流程和经验丰富的管理人员，中国作为世行和亚开行重要的股东国，在推进亚投行筹建和未来运作过程中，也会借鉴这些多边开发银行好的经验，同时也要吸取教训，提高成效。目前，世界银行、国际货币基金组织和亚开行都表示了要与亚投行合作的意愿，已与亚投行临时秘书处建立了工作联系，将在知识共享、能力建设、人员交流和项目融资等方面开展合作。[①]亚投行应积极借鉴吸收世界银行和亚开行等现有多边开发银行在治理结构、决策机制、融资筹资、项目运作、风险管理、信息披露及绩效评估等方面的成熟经验和完善机制，同时以市场化手段吸纳经验团队和专业人才。完善亚投行整体运行机制，以适应日新月异的世界经济和金融发展。如聘请世界银行或亚投行的高级管理人员、局长、国别代表以及专业人才加盟到亚投行。[②]

[①]　倪建军：《亚投行与亚行等多边开发银行的竞合关系》，《现代国际关系》2015年第 5 期。

[②]　高鹏：《亚投行的建立背景、面临挑战及对策》，《金融与经济》2015 年第 5 期。

责任编辑：刘敬文
封面设计：汪　莹
责任校对：吕　飞

图书在版编目（CIP）数据

亚投行：全球治理的中国智慧／庞中英　主编 . –北京：人民出版社，2016.1
ISBN 978 – 7 – 01 – 015800 – 6

I. ①亚⋯　Ⅱ. ①庞⋯　Ⅲ. ①国际投资银行 – 研究 – 亚洲　Ⅳ. ① F833.03
中国版本图书馆 CIP 数据核字（2016）第 016111 号

亚　投　行
YA TOU HANG

全球治理的中国智慧

庞中英　主编

人民出版社 出版发行
（100706　北京市东城区隆福寺街 99 号）

北京汇林印务有限公司印刷　新华书店经销

2016 年 1 月第 1 版　2016 年 1 月北京第 1 次印刷
开本：710 毫米 ×1000 毫米 1/16　印张：13.25
字数：145 千字

ISBN 978 – 7 – 01 – 015800 – 6　定价：30.00 元

邮购地址 100706　北京市东城区隆福寺街 99 号
人民东方图书销售中心　电话（010）65250042　65289539